님께

주후   년   월   일

드림

기독교 교육총서 13
기독교 심리학

이관직 교수

대한예수교장로회총회

서문

최근에 대상 관계 이론에 관한 책을 학생들과 읽어 가면서 유아 때부터 평생 동안 해가는 주요한 정신적 작용이 종합(integration)과 구별(differentiation)이라는 대목에서 귀한 통찰을 얻어, 상담할 때에나 개인적인 삶에서 도움을 받고 있다. 유아의 성격 발달이 이루어지는 과정 속에서 외부의 환경과 계속적으로 상호 작용할 때 외부에서 들어오는 여러 가지 자극과 경험들을 받아들이면서 그것들 중에서 서로 관계 있는 것끼리 묶으며 연결하는 능력이 필요하다. 예를 들면, 엄마가 먹여 주는 젖의 촉감과 냄새 그리고 맛이 서로 분리된 것이 아니라 한 대상으로부터 오는 것임을 깨닫게 될 때 아기는 엄마라는 대상 이미지를 경험하게 되고, 일관성 있게 그 대상과 관계할 수 있는 능력이 생기는 것이다. 또한 아기는 외부의 경험과 자극들의 차이점들을 구별하기 시작하여, 자신과 엄마가 분리되어 있음과 차이점을 발견하기 시작하며, 돌봄을 베풀어 주는 면에서는 비슷하지만 엄마와 아빠를 구별하기 시작하며, 더 나아가 부모와 낯선 사람을 구별하는 능력이 생기게 된다.

어쩌면 아기들이 스스로 표현하지 못하면서도 점차적으로 이루어 가는 심리적 과제인 종합과 구별의 과정은 유년기, 청소년기, 청년기, 장년기 그리고 노년기에 이르는 모든 삶의 영역에서 지속적으로 일어나는 것으로 볼 수 있다. 그리고 이 종합하고 구별할 수 있는 능력이 바로 지혜의 특성이 아닐까라고 필자는 생각해 본다. 학문이라는 것도 바로 이 종합하고 구별하는 과정의 결과라고 볼 수 있다. 종합한다고 할 때에는 언뜻 보기에는 관계가 없는 것처럼 보이는 것들 사이에 존재하는 유사점이나 공통 분모를 발견해 내는 것을 말한다. "기독교 심리학"이라고 하는 제목을 가지고 있는 이 책의 제목에서도 "기독교"와 "심리학"의 서로 다른 실체를 놓고 볼 때 그 사이에 존재하는 어떤 유비 혹은 유사성 혹은 공통 분모를 발견할 수 있다면 그것은 종합하는 지혜가 있는 작업일 것이다. 서로 연결 고리가 있음에도 불구하고 연결을 지을 수 있는 능력이 없다면 그것은 지혜가 없는 것을 의미할 것이다. 반대로 구별한다고 할 때에는 언뜻 보기에는 비슷해 보이는 것이라고 할지라도 그것들이 서로 다른 실체이며 그것들 사이에 엄연한 차이점이 존재하는 것을 발견해 내는 것을 말한다. 아이들의 지능 검사를 할 때 보면 비슷한 도형인 것 같은데도 일부의 차이점이 있게 만들어 놓았을 때, 그것이 서로 다른 것임을 찾아내는 아이는 찾아내지 못하는 아이보다 지능이 발달한 것으로 판단한다. 구별하는 능력이 있을 때 "기독교"와 "심리학"은 엄연한 차이가 있으며 마냥 종합할 수 없는 서로 다른 실체임을 깨닫게 된다.

하나님이 창조하신 세계를 조용히 묵상해 보면 이 종합과 구별의 과정이 흥미롭게 적용될 수 있음을 발견하게 된다. 하나님과 인간은 서로 구별되지만, "하나님의 형상"으로 연결 고리가 그 관계 속에 있음을 깨닫게 된다. 다양한 인종과 언어 그리고 문화를 갖고 살아가는 인간들 사이에도 공통 분모와 차이점이 존재한다. 인간과 다른 피조물 사이에도 연결할 수 있는 유사점이 있는 반면에 차이점이 엄연히 존재한다. 남성과 여성 사이에도 연결할 수 있는 공통 분모가 있는 반면, 구별되는 차이점이 있다. 동물학과 식물학 사이에도 유사점과 차이점이 동시에 존재한다. 특별 계시와 일반 계시, 특별 은총과 일반 은총 사이에도 연결점과 차이점이 분명히 있음을 발견하게 된다. 모든 학문 사이에도 서로서로 연결점과 차이점이 존재한다. 과거와 현재와 미래 사이에는 유사점과 구별점이 존재한다. 현재적인 하나님의 나라와 종말론적인 하나님의 나라 사이에도 유사점과 구별점이 존재한다.

대학 시절부터 시작한다면 원치 않는 전공이었고 적성에도 맞지 않은 기계 공학을 4년간 전공하고 신학대학원에서 3년간 신학 수업을 받고 미국 유학을 통해 7년간 목회 상담학을 공부하고 귀국하여 총신대 신대원에서 가르치며 상담해 온 지 벌써 7년이라는 세월이 흐른 지금, "기독교 심리학"이라는 제목을 붙이기에는 너무나 미숙한 글을 서둘러 정리하여 책으로 내놓으면서 종합하며 구별해 가는 능력이 여전히 부족함을 느낀다. 그러나 이 책의 내용은 어쩌면 여러 가지 공부해 왔던 것들과 살아왔던 것들, 신앙해 왔던 것들 그리고 고민해 왔던 것들이 서로 연결되고 구별되어 나타난 것의 일부이다. 글을 읽는 여러분들도 읽어 가면서 자신의 것과 연결되는 부분은 연결하고, 차이점이 발견되는 부분은 그 부분대로 구별할 수 있는 능력이 생겨 나기를 희망한다.

제1장에서는 일반 상담과 기독교 상담을 구별 짓는 특징 중의 하나인 기독교적인 인간관에 대해서 살펴보았다. 기독교적인 인간관과 세계관은 기독교적인 상담을 해 나가는 데 필수 불가결한 틀이다. 제2장에서는 기독교와 심리학이라는 주제 아래 특히 신학적 이해를 다루고 있다. 그 중에서도 하나님의 다양한 속성을 통해 상담을 풍성하게 하며 올바르게 하는 것을 배울 수 있도록 하였다. 상담의 한 중요한 요소는 치료 혹은 치유인데, 그 치유의 목표는 어떤 것

이 되어야 할지를 제3장에서 다루고자 하였다. 치유의 목표가 불분명하면 상담이 향방 없이 진행될 수 있기 때문에 비효과적이 될 수 있고, 특히 그 목표가 세속적인 수준에 머무르게 될 때에는 기독교적인 상담의 목표를 향하여 나아갈 수 없게 된다.

제4장과 제5장에서는 인격 혹은 성격에 대해서 다루었는데, 제4장에서는 주일학교 아동들을 이해하는 데 도움을 주기 위하여 어린이들의 인격 발달을 살펴보았고, 제5장에서는 성인기에 접어든 크리스찬들의 성격 장애를 이해하는 데 도움을 주기 위하여 사랑의 속성과 성격 장애를 대조하여 설명하였다. 마지막 장에서는 여전히 한국 교회 안에서 혼란을 야기하고 있는 가계 저주론에 대해서 목회상담학자로서 비평적인 시각을 제공하여 교사들과 학생들이 올바른 태도를 가지고 교육하며 교육받도록 돕고자 하였다.

기독교적 인간관, 기독교 심리학에 대한 성경적 이해를 돕는 본서는 2003년에 처음 출판되었으며, 금번에 본문을 개역개정 성구로 교체하여 새롭게 출판하게 되었다. 이 책이 한국교회 교사들과 사역자, 목회자들에게 널리 쓰임받기 바란다.

차례

제1장　기독교적 인간관

1. 피조물인 인간 • 13
2. 하나님의 형상 • 15
3. 죄인인 인간 • 17
4. 남성과 여성 • 21
5. 관계성을 지닌 인간 • 23
6. 전인격적 인간 • 27
7. 회복되어 가는 인간 • 28

제2장　기독교와 심리학

1. 과학과 기독교 신앙 : 기독교적 세계관 • 35
2. 신학과 심리학의 관계 • 40
　　창조주 하나님 • 41
　　하나님의 신실성 • 44
　　하나님의 주권성(Sovereignty) • 46
　　하나님의 자존성 • 48
　　편벽되지 않으신 하나님 • 49
　　하나님의 초월성과 임재성 • 54
　　하나님의 공의성 • 55

제3장　치유의 목표

1. 치유의 정의 • 61
2. 초자연적 치유와 자연적 치유 • 63
3. 치유의 목표에 대한 성경적·신앙적 이해 • 65
4. 심리 체계적인 치유와 회복을 지향하여 • 70

제4장　어린이의 인격 발달과 교사의 역할

1. 어린이의 인격 발달 •77
2. 에릭슨의 인격 발달 이론 •81
3. 주교 교사의 10가지 메타포 •86

제5장　크리스찬과 인격 장애

1. 인내 •96
2. 온유 •98
3. 투기하지 아니함 •101
4. 자랑하지 아니함 •103
5. 교만하지 아니함 •106
6. 무례히 행치 아니함 •109
7. 자기의 유익을 구치 아니함 •112
8. 성내지 아니함 •114
9. 악한 것을 생각지 아니함 •116
10. 불의를 기뻐하지 아니함 •119
11. 진리와 함께 기뻐함 •123
12. 항상 보호해 줌 •124
13. 항상 믿음 •127
14. 항상 견딤 •129
    맺는 말 •130

제6장 **가계 저주론과 목회 상담**

1. 환원주의적 인간 이해와 가계 저주론 • 136
2. 생물학적·심리학적·영적 인간 이해 • 140
3. 인과 관계와 가계 저주 • 151
4. 건강성과 병리성 • 154
5. 과학적인 접근과 초자연적인 접근 • 156
6. 고난의 의미와 가계 저주 • 158
7. 병리적인 신앙과 가계 저주론 • 160
8. 이윤호의 가계 저주론 비판 • 168
   마무리하며 • 174

1장

기독교적 인간관

너는 마음을 다하고 뜻을 다하고 힘을 다하여
네 하나님 여호와를 사랑하라(신 6:5).

1. 피조물인 인간

성경은 하나님을 우주 만물을 창조하신 분으로 계시하며, 그 중에 존재하는 인간은 하나님께서 직접 손으로 빚어 만드신 고귀한 피조물이라고 소개합니다. 땅에서 취한 흙으로 빚어 만들어졌으면서도 동시에 하나님께서 숨결을 불어넣으심으로 생령이 된 인간은 모든 피조물 중에서도 최대의 걸작품입니다. 인간은 어떤 피조물과도 독특하게 구별되는 피조물이며, 하나님과 교제할 수 있는 존재로 지으심을 받았습니다. 인간은 동물들과는 독특하게 다른 존재이며, 동물들에 대한 실험이나 연구를 그대로 적용할 수 없는 독특성과 복합성을 가진 존재입니다. 그런 점에서 동물 실험을 기초로 한 심리학을 인간에게 적용하는 것은 한계가 있을 수밖에 없습니다.

하나님께서 창조하신 만물을 돌보며 함께 다스리게 하신 인간은 하나님의 손으로 직접 빚으셨고 자신의 숨결을 넣어 주셨기 때문에 가치가 있는 존재입니다. 비록 얼굴, 성별, 빈부, 문화, 교육 수준, 언어가 다르다고 할지라도 외부적인 조건에 상관없이 인간은 하나님의 피조물 그 자체로서의 가치와 존엄성을 지닌 존재입니다. 왜냐하면 하나님은 사람을 외모로 취하시지 않고 중심을 보시는 분이기 때문입니다. 그리고 인간은 공통적인 속성을 지니는 동시에 각자의 독특성을 지닐 수 있도록 만드셨고, 다양한 문화와 환경, 언어, 풍습으로 형성된 다양성을 띤 인류가 이 땅에서 살도록 하셨습니다. 따라서 심리학적 이론이란 것은 인간의 공통적인 속성에 초점을 맞추어 인간 이해를 시도하기 때문에 차이점과 다양성을 설명할 때에는 한계점을 가질 수밖에 없습니다. 그래서 상담에서도 교차 문화적인

(cross-cultural) 접근을 하려고 노력하고 있습니다.[1]

인간이 피조물로 지음 받았다는 것은 무한하신 하나님과는 대조적으로 유한한 존재라는 사실을 의미합니다. 인간은 시간과 공간에 매이는 존재이며, 신체적·정신적·감정적 힘에 있어서도 한계가 있는 존재로 지으심을 받았습니다. 인간은 완전히 독립적일 수 있는 존재가 아니며 하나님께 의존적인 존재입니다. 또한 다른 사람들과의 관계에서도 인간은 완전히 독립적인 존재일 수 없으며 상호적으로 의존하며 살아가고 공동체 속에서 살아가야 합니다. 이것은 최초의 남자 아담을 지으셨을 때 하나님께서 그의 독처하는 모습을 좋지 않게 보셨고 그의 갈비뼈 하나를 취하여 여자를 만드시고 그녀와 더불어 살 수 있도록 하신 점에서 잘 찾아볼 수 있습니다. 인간의 한계성은 또한 다른 피조물들과의 관계에서도 발견됩니다. 인간은 인공적인 장치의 도움 없이는 대기권 안에서만 숨쉴 수 있으며, 다른 동식물과 환경에 대해 상호 의존적인 관계 속에서 살아갈 수 있습니다.

하나님은 인간을 유한하게 창조하셨으며, 그 유한성 속에서 하나님과 교제하며 하나님을 섬기도록 하셨습니다. 하나님은 인간에게 지적인 능력과 정서적인 능력과 의지적인 능력을 주셨습니다. 자유롭게 결정할 수 있는 자유 의지를 또한 주셨습니다. 하나님은 인간을 피동적으로 반응하는 로봇으로 만들지 않으시고 자유롭게 결정하며 적극적으로 반응할 수 있는 존재로 만드셨습니다. 자유롭게 결정하는 능력을 가진 존재로서의 인간은 또한 그 결정에 대한 책임을 져야 하는 존재이기도 합니다. 그러나 이 같은 자유 의지도 무한한

---

[1] 관련된 책을 소개하면 Allen E. Ivey, Mary Bradford Ivey, Lynn Simek-Morgan, *Counseling and Psychotherapy : A Multicultural Perspective*, 3rd ed.(Needham Heights, MA : Allyn and Bacon, 1993)이 있습니다.

능력을 가진 것이 아니고, 제한된 범위 내에서 가진 자유 의지 능력입니다.

2. 하나님의 형상

인간은 하나님의 형상으로 지으심을 받았다고 성경은 선언합니다. 하나님의 형상이 무엇을 의미하는 것인가에 대해서는 성경학자들의 다양한 견해들이 존재하기 때문에 어느 하나의 의미로 제한하는 것은 무리일 것입니다. 하나님의 형상에는 하나님이 가지신 속성들의 의미가 포함되어 있습니다. 건강한 인격을 가진 사람들에게서 발견되는 자율성, 다양성, 모험성, 창의성, 관계성, 도덕성, 합리성, 지·정·의 등의 성품은 하나님의 형상 중의 일부라고 말할 수 있습니다.

이 같은 하나님의 형상의 여러 가지 의미 중에서 자율성을 예로 들어 설명해 보겠습니다. 발달심리학자인 에릭 에릭슨은 그의 심리 발달의 8단계 이론에서 자율성(autonomy)을 두번째 단계에 해당하는 심리적 과제로 보았습니다. 이는 신뢰감을 형성한 아기가 주변 환경과의 관계에서 의존적인 상태를 조금씩 벗어나면서 스스로 해보려고 시도하는 심리적 과제입니다. 예를 들면, 엄마가 먹여 주던 젖병을 자기가 잡고 먹으려고 하고 옷을 스스로 입어 보려고 시도하는 것입니다. 하나님의 형상으로서 인간이 가지고 있는 자율성은 하나님과의 관계에서 피조물인 자신의 위치를 정확하게 인식하는 동시에 자신에게 주어진 삶에 대해서 어느 정도 독립적으로 판단하고 결정하며 책임을 지는 것을 의미합니다. 에덴 동산 안에서 아담과 하와에게는 선악을 알게하는 나무의 열매를 제외한 나머지 실과들은 마음껏 따먹을 수 있는 자유와 자율성이 주어졌습니다. 그리고 아담에게는 동식물에게 이름을 명명하는 자율성도 주어졌습니다. 또한 "생육하고 번성하여 땅에 충만하라, 땅을 정복하라, 바다의 고기와 공중의 새와 땅에 움직이는 모든 생물을 다스리라"는 하나님의 명령을 자율적으로 수행할 수 있는 능력이 주어졌습니다. 에릭슨은 자율성이 깨어지고 발달하지 않을 때 나타나는 것을 수치감이라고 보았습니다. 즉 타율적인 인간이 되고 독립성을 갖지 못한 채 의존적인 인간이 될 때 내면적으로 수치감이 자리 잡게 된다는 것입니다. 이 같은 사람은 또한 무능감을 느끼게 되며 삶에서 스스로 행동할 수 있는 동기가 결여된 사람이 됩니다. 정신 분석학에서는 자율성의 개념을 "자아 능력"(ego strength)이라는 용어로 표현하기도 합니다. 초자아와 원본능의 갈등을 적절하게 중재하며 처리하고 통제할 수 있는 자아의 힘이 있어야 원본능의 욕구에 의해 타율적으로 조종되지 않을 수 있습니다.

하나님의 형상으로서의 인간의 자율성은 이웃의 자율성을 해치지 않는 범위 내에서 행사되어야 건강한 기능을 하게 됩니다. 그리고 하나님과의 관계에서 이 자율성이 행사되어야 인본주의적으로 흐르지 않게 됩니다. 인간의 자율성은 제한적이며 하나님의 법과 말씀의 범위 내에서 행사될 때 기독교적인 자율성을 유지할 수 있습니다. 하나님의 말씀 앞에서는 자신을 순종시키며 성령의 인도하심 앞에서는 타율적이 될 수 있어야 복음 안에서 회복된 자율성을 균형 있게 발달시킬 수 있는 것입니다.

하나님의 형상에 대해서 비유를 들어 설명한다면 그것은 어쩌면 컴퓨터를 가동시켜 주는 기본 프로그램을 설치하는 것과 같다고도 할 수 있습니다. 인간에게는 하나님의 형상이 있기 때문에 모든 인간에게는 하나님과 의사 소통이 이루어질 수 있는 기본적인 장치와 하나님을 사모하는 마음이 입력되어 있습니다. 하나님께서 이 기본

프로그램을 인종과 종족을 가리지 않고 모든 인류에게 주셨기 때문에 심리학은 개인의 독특성과 사회 문화적인 독특성으로 인한 인간의 다양성 속에서도 사람들의 통일성과 공통성을 발견할 수 있는 것이며, 심리학의 이론들은 주로 이 인간의 통일성과 공통성을 전제로 하고 있습니다.

그러나 최초의 인간 아담과 하와의 범죄로 인하여 하나님의 형상은 깨어지고 왜곡되었으며 그 원죄성과 자범죄성으로 인하여 인간들의 인격은 장애를 일으키게 되었고 병리성을 드러내게 되었습니다. 대부분의 심리학 이론들은 인간의 인격에 대하여 설명하며 연구하며 치료하려는 데 초점을 맞추고 있는데, 기독교적인 심리학의 관심은 바로 훼파된 하나님의 형상을 내담자들의 인격 속에 회복시키는 데 있다고 말할 수 있습니다.

3. 죄인인 인간

최초의 인간은 죄 없는 인간으로 지으심을 받았지만 인간의 한계성을 넘어서려는 유혹을 이기지 못하여 하나님께서 정해 주신 "경계선"(boundary)을 넘고 말았습니다. 죄는 하나님과 인간 사이에 교제의 관계를 깨뜨렸고, 최초의 인간인 아담과 하와 사이에도 벽이 생기고 말았습니다. 인간은 하나님으로부터 버림을 받는 깊은 소외감을 겪게 되었으며, 인간 사이에도 수치감과 고독감이 존재하게 되었습니다. 그 뿐 아니라 인간은 스스로의 힘으로는 도저히 하나님과의 관계를 회복할 수 없는 상태에 처하게 되었습니다. 하나님과 인간 사이에 존재했던 친밀감 대신에 인간은 하나님에 대한 두려움을 갖게 되었고 죄책감에 시달리게 되었습니다.

인간의 죄악은 인간에게만 영향을 끼친 것이 아니라 자연계의 질서에도 영향을 미쳐서 땅이 저주를 받게 되었습니다. 적은 양의 누룩이 빵 반죽덩이 전체에 영향을 끼치는 것처럼 최초의 인간의 타락은 모든 후세의 인간들과 자연계에 악영향을 끼쳤던 것입니다. 죄에 오염된 인간은 생각과 행동이 왜곡되고, 빛보다는 어두움을 더 좋아하게 되었습니다.

최초의 인간이 죄를 범한 이후로 인간의 삶에 죽음이 찾아왔습니다. 또한 신뢰감이 무너지게 되었으며, 전인격적인 영역에서 병리성이 나타나게 되었습니다. 신체적인 질병도 찾아왔고, 정서적·정신적인 질병, 대인 관계적·사회적·영적인 병리성이 인간들의 삶에 스며들게 되었습니다. 따라서 인간은 전인격적인 치유와 회복이 필요한 존재입니다.

모든 인간은 죄를 범한 데 대한 책임을 지고 있는 존재입니다. 죄의 삯은 사망이기 때문에 인간은 신체적으로 반드시 죽음을 경험하는 존재가 되었고, 영원한 심판에 대한 책임을 지게 되었습니다. 그러나 이 같은 죄책감과 소외감에 시달리는 인간을 위하여 두번째 아담이신 하나님의 아들 예수 그리스도께서 십자가에서 죽으심으로 인간의 죄를 대속하는 역사를 이루어 놓으셨습니다. 십자가 사건을 믿음으로 받아들이는 사람들은 유대인이나 헬라인이나 남자나 여자를 가릴 것 없이 누구든지 하나님과 화해할 수 있게 되었고, 그의 아들과 딸의 신분으로 회복되는 은총을 맛보게 되었습니다. 예수 그리스도께서 재창조의 역사를 이루심으로 말미암아 구원받은 인간들이 하나님의 형상을 회복해 가는 과정에 있는 존재가 된 것입니다.

인간의 죄악성을 전제로 하는 기독교적인 심리학은 인간에 대하여 지나칠 정도로 긍정적인 인본주의적인 심리학과는 다르다는 점을 알아야 합니다. 인본주의 심리학은 인간의 가치와 존엄성을 강조한 점에서 기여한 바가 크지만, 인간이 가지고 있는 근본적인 죄의 어두운 영역을 지적하지 못했다는 점에서 한계를 갖고 있습니다. 인본주의 심리학은 전반적으로 인간을 자유로운 결단을 할 수 있는 존재로 보며, 내담자가 가지고 있는 병리적인 증상을 유발시키는 걸림돌들을 제거해 주기만 하면 인간 본연의 가능성이 그 사람을 치유적인 방향으로 이끌어 간다고 봅니다. 또한 인본주의 심리학은 인간을 본래적으로 선한 존재라고 보는 점에 있어서 원죄의 영역을 인정하지 않고 있습니다.

대부분의 심리학 이론들은 인간의 영적인 영역에 대해 관심을 갖지 않습니다. 따라서 초자연적인 악의 실재와 그 악의 근원이 되는 사탄이 인간의 심리 내면적인 영역과 대인 관계적인 영역, 또한 사회, 국가, 우주, 환경에서 역사하고 있는 영향에 대해서는 언급하지 못합니다. 인간의 인격성의 병리성이 때로 악과 연결될 때 파괴적인 힘을 발휘할 수 있음을 인식하는 것이 필요합니다. 예를 들면 정신분열증이라는 정신적인 병리성 속에 간혹 악이 역사하게 될 때 귀신들림과 같은 현상이 나타나기도 하는 것입니다. 이 같은 극단적인 증상으로 표출되지 않는 경우에 있어서도 인간들은 악의 영향을 알게 모르게 받고 있으며, 또한 인간이 악의 열매를 드러냄으로써 주변에 있는 사람들과 환경에 악한 영향을 끼치기도 합니다.

정신 의학은 모든 병리 현상을 자연적인 현상으로 설명하려고 하는 과학입니다. 실증주의적인 과학의 영향을 받은 정신 의학은 초자연적인 영역을 관심의 대상으로 하지 않으면서도 자연적인 현상으로 설명하려고 시도하는 점에 있어서 환원주의[2]에 빠져 있습니다.

---

2) 복잡하고 추상적인 사상이나 개념을 단일 레벨의 더 기본적인 요소로부터 설명하려는 입장.

현대 정신 의학의 대부분의 접근은 증상 중심적입니다. 이는 증상의 원인들이 무엇인지에 대해서 설명하려는 "왜"라는 질문에 답변하는 것은 시간적으로 너무 소모적이기 때문에 "무엇"이라는 현상적인 증상들에 관심을 가지는 것입니다. 증상 유형별로 분류하여 상호 비교하고 이미 규정된 병에 증상이 부합되면 병명을 진단하고 그에 따른 처방을 하는 것입니다. 따라서 정신과 의사들의 패러다임으로 정신병 현상을 볼 때 귀신 들림까지도 단지 "빙의"라는 정신병으로 해석되고 진단될 수 있습니다. 정신 분열증과 귀신 들림은 그 증상에 있어서 매우 유사하기 때문에 증상을 기준으로 진단을 할 때에는 귀신 들림까지 정신 분열증으로 해석될 수 있다는 뜻입니다. 이는 귀신 들림이란 증상보다는 병의 원인이 무엇이냐는 질문에 대한 해석과 진단이라고 볼 수 있습니다.

　그러나 여기서 우리가 주의할 점은 대부분의 귀신 들린 사람들은 이미 정신병적 상태에 있다가 취약해진 정신 구조에 악의 세력의 침투를 받아 통제당하게 된 사람들이라는 것입니다. 따라서 정신 의학적인 이해와 지식이 배제된 상태에서 귀신 들림을 이해하려고 하거나 귀신 들림에 대한 이해와 지식을 배제한 상태에서 정신병을 이해하려는 것은 환원주의적이 될 수 있습니다. 생물학적이며 심리학적인 인간으로서 인간을 이해할 뿐만 아니라 영적인 존재로서 이해하는 통전적인 인간 이해가 되어야 하며, 따라서 정신과 의사들과 심리학자 그리고 목회자들은 상호 배타적인 태도가 아닌 상호 협력적인 관계를 유지하는 것이 필요합니다.

4. 남성과 여성

하나님은 인간을 만드실 때 남성과 여성으로 창조하시고 상호 보완적인 역할을 하도록 하셨습니다. 남성과 여성 모두 하나님의 형상으로 지으심 받았다는 점에서 동등한 가치와 존엄성을 지니고 있습니다. 하나님은 인간처럼 성적인 존재는 아니시지만 하나님의 속성 가운데에는 남성적인 특성들도 나타나며 또한 여성적인 특성들도 나타남을 성경 여러 곳에서 발견할 수 있습니다. 대표적인 예를 하나 든다면 이사야 46:3~4에서 이사야는 아기를 안고 있는 어머니의 은유를 사용하여, 타락한 이스라엘 공동체를 향한 하나님의 돌보심과 사랑을 표현하고 있습니다: "야곱의 집이여 이스라엘 집에 남은 모든 자여 내게 들을지어다 배에서 태어남으로부터[잉태된 순간부터] 내게 안겼고 태에서 남으로부터 내게 업힌 너희여 너희가 노년에 이르기까지 내가 그리하겠고 백발이 되기까지 내가 너희를 품을 것이라 내가 지었은즉 내가 업을 것이요 내가 품고 구하여 내리라" 인류는 남성들로만 이루어지지 않았고, 여성들로만 이루어지지도 않았습니다. 남성과 여성이 조화롭게 살아감으로써 세상은 아름다워지게 되었고 또한 인류는 현재까지 지속되어 왔습니다.

남성은 남성성을 유지하고 여성은 여성성을 유지할 때 창조적인 질서가 지속될 수 있습니다. 현대의 중성화 현상은 바람직하지 않으며, 또한 성경적인 인간관과 부합되지도 않습니다. 남성과 여성은 인간으로서의 공통점들을 많이 가지고 있으면서도 또한 독특성을 많이 가지고 있습니다. 독특한 영역을 인정해 주며 서로의 차이점을 수용하며 또한 이해하려고 할 때, 보다 다양한 하나님의 형상들이 조화를 이루며 보다 폭넓은 인간 이해의 스펙트럼을 드러낼 수 있습니다. 존 그레이가 쓴 「화성에서 온 남자, 금성에서 온 여자」는 특히

커뮤니케이션 과정에서 남성과 여성의 차이점을 잘 설명하고 있는 좋은 책입니다.[3]

현대의 많은 심리학 이론들은 대부분 남성 심리학자들에 의하여 개발된 것입니다. 지금은 여성 심리학자들도 많이 있지만, 20세기 중반까지만 해도 대부분의 정신과 의사들과 심리학자들은 남성들이었습니다. 그러다 보니 인간 이해를 시도하는 심리학 이론들이 남성의 시각에서 이해된 것이 많다는 비판을 특히 여성주의 심리학자들로부터 받고 있습니다. 이 비판의 과정을 통하여 남성주의와 여성주의가 상호적으로 수용되며 보완되는 상담 이론을 개발하는 것이 기독교 상담 심리학자들의 과제가 될 것입니다. 상담의 과정에서 가부장적인 상담 관계보다는 상담자가 내담자의 삶에 내려서는 화육적인 상담(incarnational counseling)과, 내담자에게 힘을 실어 주며(empowering) 인격 발달과 치유에 있어서 관계적 측면을 강조하는 여성주의적 상담 접근이 균형 있게 활용될 필요가 있습니다. 극단적인 페미니즘은 배격할 필요가 있지만, 남녀 차별이 사회 전반에 퍼져 있음을 인식하게끔 도전을 준 페미니즘으로부터 긍정적인 도전을 받는 것은 필요합니다.

아담과 하와의 타락으로 인하여 남성과 여성의 관계는 대등한 관계보다는 다스리고 다스림을 받는 관계로 바뀌었습니다. 예수 그리

---

3) 존 그레이의 여러 책들이 번역 소개되었습니다. 화성 남자 금성 여자의 관계 지키기, 김경숙 역(친구미디어, 1999); 화성 남자 금성 여자의 결혼 지키기, 김경숙 역(친구미디어, 1995); 화성에서 온 남자 금성에서 온 여자 다시 시작하는 이야기, 김경숙 역(친구미디어, 1998); 화성 남자 금성 여자의 침실 가꾸기, 김경숙 역(친구, 1996);여자는 차마 말 못하고 남자는 전혀 모르는 것들, 서현정 역(프리미엄북스, 1996).

스도께서 오심으로 재창조의 역사를 이루셨는데, 주님은 남녀가 원래의 관계로 회복되기를 원하십니다. 특히 남존 여비 사상이 강한 우리 나라의 사회 문화적인 배경 속에서 남성과 여성에 대한 기독교적인 이해는 가족과 사회 깊숙이 뿌리 박혀 있는 성차별과 성범죄로 나타나는 불의를 축출하는 데 꼭 필요한 것입니다. 이 같은 남성과 여성에 대한 올바른 이해는 남성으로 하여금 남성다워지게 하고 여성으로 하여금 여성다워지게 하는 기초를 제공합니다. 이 같은 인간 이해는 자라나는 주일학교 남녀 아동들에게 건강한 자존감을 갖게 할 뿐 아니라, 열등감을 가지고 성장한 많은 여성들에게 건강한 성경적인 자존감을 가지게 하는 데 필수적인 것이라고 할 수 있습니다.

5. 관계성을 지닌 인간

인간은 하나님과 관계를 맺으면서 살아가도록 창조되었습니다. 의미 있는 일차 대상(primary object)으로서 하나님은 어린 아이의 부모와 같은 역할을 하시는 하늘 아버지로서 자신을 계시하셨습니다. 하나님과의 올바른 관계성이 유지되지 않을 때 인간은 다른 대상을 찾게 되며, 신학적으로는 우상화 과정에 빠지게 됩니다. 종교적인 갈급함이 하나님과의 관계에서 채워지지 않을 때 인간은 하나님이 아닌 그 무엇에 집착하여 섬기며 추종하게 되어 있습니다. 현대인들이 고민하는 여러 형태의 중독 현상들은 바로 하나님과의 관계성의 욕구가 채워지지 않음에서 오는 것이라고 볼 수 있습니다. 분석 심리학자인 칼 융은 일찍이 알콜 중독은 인간의 마음 중심에 있는 종교적인 공허감을 채우려는 발버둥이라고 통찰력 있게 지적한 바 있습니다. 대상 관계 이론(object relations theory)의 통찰을 빌리자면 엄마의 부재 기간 동안 잠시의 위안과 만족을 제공하는 담요나 인형 혹은 고무 젖꼭지가 과정 대상(transient objects)의 역할을 하는데, 아기에게 심리적인 발달이 일어나면 아기가 그 과정 대상에 더 이상 애착을 가지지 않는 것처럼, 하나님과의 관계가 회복되면, 잠시의 만족과 쾌락을 가져다 주지만 다시 목마르게 하는 '우물물'을 찾기보다는 영원히 목마르지 않는 '생수'를 찾게 됩니다. 그러나 하나님을 진정한 삶의 대상으로서 경험하지 못하게 될 때 사람들은 관계에 중독되기도 하며 알콜, 일, 재물, 명예, 건강, 스포츠, 고급차, 호화스러운 집 등 잠정적인 '과정 대상'을 마치 삶의 궁극적인 목표이자 영원한 '대상'인 양 왜곡하여 인식하고 숭배하기조차 하는 것입니다. 상담은 이 왜곡된 대상 관계를 인식하게 하며 하나님과의 회복된 관계 형성을 돕는 데 도움을 줄 수 있습니다.

인간은 남성과 여성의 동반자적인 관계뿐만 아니라 타인들과 의미 있는 관계를 형성하면서 살아가도록 창조되었습니다. 예수님께서 율법의 기본 정신을 두 가지로 요약하여 "네 마음을 다하고 목숨을 다하고 뜻을 다하여 주 너의 하나님을 사랑하라 그리고 네 이웃을 네 몸과 같이 사랑하라"고 말씀하셨는데 이것은 바로 수직적이며 수평적인 인간의 관계성의 특징을 잘 말해 주고 있습니다. 마틴 부버가 말한 'I-Thou'(나-당신) 관계가 하나님과의 관계에서 이루어지면서 타인들과 인격적이고 신뢰할 수 있는 관계가 이루어질 때 복음으로 회복된 인간으로서 삶을 살아가게 되는 것입니다.

인격 발달을 인간의 생물학적인 욕구와 충동을 조절할 수 있는 능력에서 이해하려고 했던 프로이드의 정통적인 정신 분석학적 접근에 대항하여, 유아가 주변 환경 특히 양육적인 대상과의 관계의 질의 성격에 따라서 인격 발달이 이루어진다는 대상 관계 이론(object relations theory)은 관계성을 지닌 인간의 특성을 이해하는 데 통찰을 제공합니다. 유아는 태어나면서 자신을 품어 주는 환경과 접촉하려는 욕구를 가지고 있으며, 특히 '충분히 좋은 엄마'(good enough mother)와 양육적인 관계를 맺고자 하는 필요를 갖고 있다는 것입니다. 대상 관계 이론가들에 따라 그 기간은 차이가 있지만, 아이가 만 3, 4세까지 엄마 혹은 아빠와 맺는 역동적인 관계의 특성이 성인이 되었을 때 그가 맺는 대인 관계에 재반복해서 나타날 가능성이 높다는 전제를 갖고 있는 이론이 대상 관계 이론입니다. 인격 발달에 있어서 관계의 중요성을 강조하고 있는 이론이라고 말할 수 있겠습니다. 더 나아가 이 이론은 인간과 하나님과의 관계를 이해하는 데 통찰을 제공합니다. 사람은 초기 성장 과정에서 외적 대상(external objects)인 부모의 특성의 일부가 내사(introjection)되어 내적 대상 이미지(internal object images)를 형성하게 되는데, 그가 부모의 특성과 유비(analogy)적인 특성을 지닌 하나님과 관계할 때 하나님에 대한 이미지를 왜곡되게 형성하여 그 이미지와 관계할 가능성이 높다는 것입니다. 예를 들면, 엄격하고 무서운 아버지 밑에서 자란 사람은 신앙 생활에 있어서 하나님 아버지를 전체적으로 인식하지 못하고 자주 엄하고 정죄하시는 분으로만 인식하는 경우를 들 수 있습니다.

프로이드의 욕동이론을 완전히 배격했던 대상 관계 이론가 페어베언(W. R. D. Fairbairn)은 "정신 병리는 쾌락을 추구하는 충동들이 일으키는 갈등 때문이 아니라, 타자와 관계 맺는 것을 방해하는 장애물 때문에 발생한다"고 보았습니다.[4] 타인과 관계할 수 있는 능력은 인격의 건강성을 진단하는 중요한 지표가 됩니다. 정신 의학에서 인

---

4) 제이 그린버그 & 스테판 밋첼, 정신 분석학적 대상 관계 이론, 이재훈 역(한국심리치료연구소, 1999), p.255.

격 장애를 진단할 때 여러 인격 장애들이 적절하지 못한 대인 관계와 관련되어 있습니다. 예를 들면, 자기애적 인격 장애자는 타인에 대한 공감력이 부족하고 타인을 이용하려고 하며 타인에 대한 봉사 정신이 없는 사람입니다. 반사회적 인격 장애자는 타인을 유익하게 하기보다는 오히려 타인과 사회에 피해를 주며 공격하는 사람입니다. 또한 편집성 인격 장애자는 타인에 대한 불신과 피해 의식이 큰 사람입니다. 하나님과 이웃을 올바로 사랑할 수 있도록 하기 위해서는 이 같은 대인 관계 능력이 건강하게 회복되어야 하며, 그것은 예수 그리스도의 십자가의 은혜 속에서 가능합니다. 예수 그리스도와 가까워지는 횟수가 많아지면 많아질수록 우리는 그분의 인격에서 영향을 받게 되며 그리스도의 장성한 분량에까지 이르도록 성장해 가는 과정에 들어서게 됩니다.

안타깝게도 교회에 오래 다닌 성도들 가운데서도 참 하나님이시자 참 사람이신 예수 그리스도의 인격의 영향을 받지 못한 채 병리적인 인격 장애를 가지고 있는 분이 많이 있습니다. 예수 그리스도와의 직접적인 관계뿐만 아니라 치유적인 공동체 속에서 치유적인 관계를 형성해 나갈 때 인격적인 발달과 성장이 일어날 수 있습니다.[5] 더 나아가 전문적인 상담자와의 치료적 관계를 통하여 대인 관계적 욕구를 만족시키면서 동시에 실제 삶의 현장에서 적절하게 대인 관계를 연습해 나갈 수 있습니다.

---

5) 치유 공동체의 중요성을 역설하는 책을 참조하려면 래리 크랩 & 댄 알렌더, 상담과 치유 공동체, 정동섭 역(요단, 1999)을 보십시오.

6. 전인격적 인간

하나님은 인간을 전인격적으로 창조하셨습니다. 신학자들 중에는 인간이 육체와 영혼으로 이루어졌다는 이분설을 지지하는 이들도 있고, 육체와 혼과 영으로 이루어져 있다는 삼분설을 지지하는 이들도 있습니다. 개혁주의 신학에서는 이분설을 지지하는데, 엄밀하게 말하자면 육체와 영혼은 칼로 무 자르듯이 분리해 낼 수 있는 성질의 것이 아닙니다. 육체와 영혼을 분리해서 설명하며 영혼을 육체보다 더 고귀한 것으로 보는 견해는 성경적인 인간 이해라기보다는 헬라 철학의 인간관에 가까운 것입니다. 히브리적인 인간 이해는 몸과 영혼이 상호적으로 작용하며, 죽음을 경험하기 전까지는 구별하며 분리할 수 없는 합일체로 보는 것입니다.

합일체로서의 인간은 여러 가지 측면에서 인격의 영역들을 가지고 있으며 이 영역들이 상호적으로 영향을 주고 받는 존재입니다. 신체적 · 감정적 · 정신적 · 인지적 · 행동적 · 대인 관계적 · 성적 그리고 영적인 영역들이 복합적이며 상호적인 과정을 거치면서 한 인간으로서의 삶을 살게 됩니다. 신체적인 질병이 생기면 다른 모든 영역에 영향을 줄 수 있으며, 정신적인 질병에 걸리게 되면 역시 그 나머지 모든 영역에 영향을 줄 수 있습니다. 또한 영적인 면에서 죄를 짓거나 하나님과의 관계가 단절되면 인격의 다른 영역에 영향을 줄 수 있습니다. 바울 사도가 교회를 몸으로 비유하여 설명할 때 유기적인 면을 강조하였듯이 인간은 이 같은 인격의 다양한 영역이 유기적으로 연결되어 한 지체가 아파 하면 다른 지체도 아픔을 느끼고, 한 지체가 기뻐하면 다른 지체도 함께 기뻐하게 창조되었습니다.

따라서 인간을 이해할 때 어느 한 부분만으로 이해하려고 하는 것은 환원주의적(reductionistic)이 될 수 있는 위험을 내포하고 있습니다. 인격의 모든 작용을 신체적으로만 이해하려고 할 때 병원에서는 모든 검사에서는 이상이 없는데 환자가 통증을 호소하는 경우에 도움을 줄 수 없습니다. 또는 모든 문제를 심리학적으로만 이해하려고 하거나 혹은 사회학적으로만 이해하려고 하는 것 역시 인간 이해에 있어서 한계점을 내포하고 있음은 두말할 나위가 없습니다. 더 나아가, 모든 문제점을 영적인 문제로 귀결시켜서 해결하려고 할 때 해석학적인 문제점과 아울러 현상을 왜곡시킬 수 있는 위험성을 갖고 있습니다. 뒤에서 좀더 자세히 언급하겠지만, 예를 들면 정신 질환을 치료하려고 할 때 두뇌의 신경 전달 물질의 이상이나 뇌세포의 이상 혹은 호르몬의 분비 이상으로만 이해하는 것은 한계가 있으며, 또한 모두 심리적인 문제로만 이해하는 것도 한계가 있고, 또는 영적인 영역으로 설명하며 귀신 들림이라는 진단으로 치료하려고 접근하는 것이 모두가 환원주의적인 것입니다. 이 같은 부분적인 인간 이해를 극복하고 보다 넓은 시각을 가지고 인간의 전인격적인 영역의 상호적인 면을 인식하면서 전인격적으로 접근한다면 예방적인 차원에서나 치료적인 차원에서 사람들을 유익하게 도울 수 있을 것입니다.

7. 회복되어 가는 인간

하나님은, 죄를 범함으로써 하나님으로부터 소외되고 하나님의 형상이 훼파된 인간들을 위하여 중보자이신 예수 그리스도를 세상에 보내어 주시고 그를 믿는 자마다 하나님의 아들과 딸이 되는 권세를 주셨습니다. 그리고 믿는 자에게 성령 하나님을 보내심으로 이 세상 끝날까지 동행해 주십니다. 그의 자녀가 된 자는 죄의 종 되었던 신분에서 의롭다고 칭함을 받습니다. 믿는 자들은 하나님과 화목하고 화해함으로써 회복된 관계를 맺고 살아가게 됩니다. 그러나 믿는 자들은 죄로 오염되어 있는 세상에서 호흡하면서 살고 있기 때문에 그들의 삶 속에는 여전히 옛 인격의 기능들이 활동하며 죄성을 가진 인격이 영향력을 행사하고 있습니다. 그래서 사도 바울이 고백한 것처럼 "선을 행하기 원하는 나에게 악이 함께 있는 것이로다 내 속사람으로는 하나님의 법을 즐거워하되 내 지체 속에서 한 다른 법이 내 마음의 법과 싸워 내 지체 속에 있는 죄의 법으로 나를 사로잡는 것을 보는도다 오호라 나는 곤고한 사람이로다 이 사망의 몸에서 누가 나를 건져내랴"(롬 7:21~24)라고 갈등하며 탄식하고 살아가는 것입니다.

예수님을 믿으면 사람의 인격이 갑자기 건강해지고 회복될 것으로 생각하는 분들도 간혹 있지만, 우리는 하나님 나라의 특성인 '이미, 그러나 아직 아니'(already but not yet)의 긴장 관계와 한계 속에서 이 땅에서 살고 있습니다. 그러므로 우리는 "뜻이 하늘에서 이루어진 것같이 땅에서도 이루어지이다"라고 간구하며 하나님의 통치가 우리 자신의 인격의 영역 속에, 더 나아가 우리가 속한 가정과 교회, 사회, 국가 그리고 우주 속에 이루어지기를 바라며 또한 구체적으로 노력하는 삶을 살아야 합니다. 믿음을 가진 자는 완벽한 사람이 아닙니다. 오히려 그는 불완전하며 쓰러지기도 하며 실수하기도 하지만, 무너진 성을 다시 쌓는 심정으로, 훼파된 하나님의 형상을 삶에서 회복해 가려고 애쓰는 자입니다. 어제보다는 오늘이, 오늘보다는 내일이 보다 건강해지고 회복되며 그리스도의 형상을 닮기 위해 신앙의 경주장에서 부르신 푯대를 향하여 계속해서 달려 가는 자가 기독교적인 관점에서 볼 때 건강한 사람이며 또한 회복되어 가는 사람(a recovering person)입니다.

  이 땅 위에서는 100%의 건강성이나 인격의 회복이 불가능합니다. 보통 인격적으로 건강하다고 하는 것은 사회적인 통념상 용인될 수 있는 어느 정도의 범위 내에 속하는 것을 의미하며, 상대적으로 좀 더 건강하다 혹은 좀 덜 건강하다는 개념으로 볼 수 있습니다. 말을 바꾸어 표현하자면 이 땅에 사는 인간들 중에는 인격의 기능이 상대적으로 좀 덜 병리적이거나 혹은 좀 더 병리적인 사람들이 존재합니다. 병리적이라고 표현할 때에는 치료적인 개념이 적합하고, 건강하다라고 표현할 때에는 성장 개념이 적합하리라고 봅니다. 따라서 신자나 불신자 모두가 어느 정도까지는 동일하게 인격의 기능에 있어서 치료가 필요하며 또한 성장이 필요합니다. 더 나아가 신자의 경우에 있어서는 세상적인 기준에서 보는 건강성의 범위를 넘어서서 참 사람이자 참 하나님이셨던 예수 그리스도의 삶에서 구현되었던 인격의 완전한 건강성을 지향하고 성장해 가려고 부단히 애쓰는 노력이 필요합니다. 이것을 조직 신학에서는 '성화'(sanctification)라는 개념으로 표현하기도 합니다.

  예수를 믿고 중생하였음에도 불구하고 어느 단계에서 성장이 멈추어 버려서 더 이상 성장하지 못하거나 퇴행하는 장애자처럼 인격의 건강한 변화가 더 이상 일어나지 않거나 오히려 더 병리적이 되는 크리스찬들을 종종 목격하게 됩니다. 말씀을 들어도 성령의 열매가 맺히지 않는 것은 그들의 마음밭이 길 혹은 돌밭 혹은 가시덤불밭과 같기 때문입니다. 굳어진 마음밭을 기경하고 돌을 골라 내며 가시덤불을 걷어 내는 작업에서 도움을 줄 수 있는 한 방법이 상담입니다. 그리고 '묵은 땅'을 기경하여 새로운 변화와 모험의 삶으로 이끌어 가는 과정이 상담입니다. 내담자의 마음의 병리적인 상태를 진단하고 어느 부분에서 인격의 성벽이 무너져 있는지를 평가하며 지속적으로 사랑해 주고 관심을 가지며 상처 난 부분들을 치료해 줄 때 내담자의 삶에서 건강한 인격의 열매가 하나 둘 맺힐 수 있게 될 것입니다.

건강한 인격의 열매는 성령의 아홉 가지 열매와 비견될 수 있습니다. "사랑과 희락과 화평과 오래 참음과 자비와 양선과 충성과 온유와 절제"(갈 5:22~23)의 열매는 그리스도 안에서 회복되어 가며 건강해져 가는 사람의 삶에서 하나씩 둘씩 열려져 가는 것입니다. 반대로 병리적인 인격에서 나타나는 증상은 육체의 열매와 비견될 수 있습니다. "음행과 더러운 것과 호색과 우상 숭배와 주술과 원수 맺는 것과 분쟁과 시기와 분냄과 당 짓는 것과 분열함과 이단과 투기와 술 취함과 방탕함과 또 그와 같은 것"(갈 5:19~21)은 전인격적으로 그리고 영적으로 병리화되어 가는 사람들에게서 찾아볼 수 있는 두드러진 증상들입니다. 성도들이 종종 오해하는 것 중에 하나가 소위 '성령 충만' 하면 갑자기 성령의 열매가 와르르 달리는 것처럼 생각하는 것입니다. 인격은 비교적 지속적이며 예측할 수 있는 행동 양식인데, 인격적인 기초가 없으면 성령 충만할 때에는 성령의 열매가 맺히다가도 그렇지 못할 때에는 순식간에 떨어지는 것입니다. 따라서 보다 바람직한 크리스찬들의 삶은 지속적으로 성화되어 가는 인격 속에서 성령의 열매들이 지속적으로 유지되며 더 많아질 수 있도록 노력하는 삶입니다.

2장

기독교와 심리학

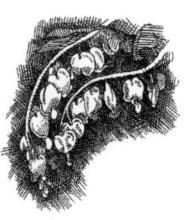

주의 크신 긍휼로 그들을 아주 멸하지 아니하시며
버리지도 아니하셨사오니 주는 은혜로우시고 불쌍히 여기시는
하나님이심이니이다(느 9:31).

1. 과학과 기독교 신앙 : 기독교적 세계관

　과학의 영어 단어 '싸이언스'(science)는 '스키오'(scio)라는 라틴어 단어에서 파생되었습니다. 즉 과학이란 '앎'의 과정이며, 하나님이 창조하신 피조 세계에 대하여 알아 가며 발견해 가는 학문입니다. 과학의 발달은 하나님의 자연 계시를 보다 분명하게 드러내는 데 큰 기여를 하고 있습니다. 예를 들면, 우주계의 신비와 광범위함을 깨닫게 하는 천문학의 발달과 '마이크로월드'(microworld)의 신비를 깨닫게 하는 광학 현미경의 발명과 생물학의 발달을 통하여 우리는 피조 세계에서 하나님의 솜씨에 감탄하지 않을 수 없습니다. 의학의 발달을 통하여 작은 용적을 가진 두뇌의 신비와 장 조직, 신경 조직 등 신체 부분 부분의 신비로운 작용을 더 발견하게 되면서 하나님의 존재와 섭리를 더 밝히 깨닫게 됩니다.

　자연 속에서 발견하는 의미의 과학 뿐만 아니라 하나님께서 인간에게 주신 창의성을 이용하여 발명해 가는 과학의 발달 또한 인간의 삶을 이롭게 하며 편리하게 해주고 있습니다. 이제는 인터넷이라는 문명의 이기를 통하여 전세계가 안방에서 통하는 세상이 되었습니다. 물론 이같은 과학 문명의 발달은 긍정적인 측면 뿐만 아니라 부정적인 측면도 인간의 삶에 가져다 주고 있어서, 사용자에 따라서 복이 될 수도 있지만 저주가 될 수도 있는 양면성을 지니고 있습니다.

　피조 세계에 대하여 알아 가는 과학의 작업이 인간들에게 자동적으로 하나님의 존재와 섭리를 발견하게 해주는 것은 아닙니다. 그것은 하나님이 은혜로 자신을 계시해 주시고 성령을 주신 자들만이 받아들일 수 있는 특권입니다. 과학자들 중에는 무신론자들도 많이 있습니다. 그들 가운데는 무신론적인 인간관과 세계관을 가지고 과학의 작업에 임하므로 그들의 이론과 연구들은 때로 기독교적인 인간관 및 세계관과 모순되기도 합니다. 예를 들면 생물학, 지질학, 문화 인류학과 같은 학문은 진화론을 근거로 전개하는 것을 보게 됩니다. 심리학의 경우에도 많은 이론들이 인본주의 철학이나 진화론에 바탕을 두고 있는 것을 보게 됩니다.

따라서 기독교적인 인간관과 세계관에 입각한 과학 연구 및 활동이 매우 필요합니다. 안타깝게도 그동안 과학의 영역에서 기독교인들보다는 비기독교인들이 더 많은 연구와 활동을 해왔습니다. 비기독교인들이 연구해 낸 것이라 하여 그것을 무조건 배격하는 태도보다는 좀더 적극적으로 하나님의 나라를 위하여 보다 많은 기독교인들이 기독교적인 세계관에 입각하여 과학을 포함한 학문 활동에 참여하려는 자세가 필요합니다. 이미 이 같은 시도를 하고 있는 학교와 학자들이 많이 있는 것은 고무적인 일입니다. 칼빈주의 문화관은 일반 학문에 대하여 보다 적극적이며, 현재의 과학 이론과 실제에 대하여 비판적으로 수용하고 변혁시켜서 하나님의 나라를 풍성하게 하는 데 사용하는 것을 옹호합니다. "이 세상은 내 집 아니네"라는 찬송의 가사처럼 이 세상에 대하여 비관적이며 무책임한 태도를 보일 것이 아니라, 하나님의 뜻이 하늘에서 이루어지는 것 같이 이 땅에서도 이루어지기를 기도하며 또한 노력하는 태도가 칼빈주의적인 신학에 기초를 둔 크리스찬들의 삶의 태도가 되어야 합니다.

신학적인 용어를 빌려 설명한다면 하나님이 창조하신 피조 세계에 대해서 알려 주는 계시에는 특별 계시와 일반 계시가 있습니다. 특별 계시는 기록된 성경 말씀을 의미하며, 일반 계시 혹은 자연 계시는 피조된 자연 속에서 하나님의 섭리를 드러내는 것을 의미합니다. 자연 계시를 알아 가는 과정에서 불신자들에게도 그 마음 속에 하나님을 알 만한 것을 주셨기 때문에 핑계하지 못한다고 바울은 로마서에서 언급한 바 있습니다. 하나님은 자연인 상태의 불신자들에게도 일반 은총을 골고루 주시는 분으로 자신을 계시하셨습니다. 악인과 선인에게 햇빛과 비를 주시며, 불신자들에게도 피조된 세계를 이해하며 개척하고 이론화시키는 지혜와 지식을 주셨습니다. 그래서 이 땅에서 신자들이 불신자들과 함께 살 때에 불신자들이 발견하고 발명한 것이라고 할지라도 일반 은총의 영역에서 신자들이 혜택을 누릴 수 있도록 하셨습니다. 불신자들에게도 이 세상을 더불어 살아가는 데 필요한 법과 질서, 양심, 합리성, 도덕성을 주셨습니다. 따라서 비록 잘못된 전제를 가지고 있으며 오류가 있는 과학의 영역이라고 할지라도 그 전체가 다 쓰레기처럼 버려야 할 것이 아니라는 점을 인식할 필요가 있습니다. 보수주의적인 신학의 분위기에서 성장한 사람들 가운데에는 "심리학"이라는 단어만 들어도 알레르기 반응을 일으키는 사람들이 있는데, 이 같은 태도는 지양해야 할 것입니다. 어떤 점에서 장점이 있는지 어떤 점에서 단점이 있는지 깊이 있고 폭넓게 연구하여, 비판할 것은 비판하고 적용할 것은 적용하는 자세가 균형 잡힌 크리스찬 학자들의 태도일 것입니다. 코끼리의 다리만 만져 보고 모든 것을 다 안 것처럼 이야기하는 것은 양심적인 학자의 태도가 아닐 것입니다.

크리스찬 심리학자인 로렌스 크랩은 심리학에 대하여 접근할 때 기독교인들이 취할 수 있는 대안으로서 구약의 이스라엘 백성들이 출애굽할 때 애굽의 귀금속들과 물자들 그리고 세공 기술을 활용하여 광야에서 하나님의 성막을 지었던 것을 비유로 설명하였습니다. 비록 이방 나라이며 죄에 오염된 문화를 가진 이집트로부터 가져온 귀금속이라고 하나님의 성막을 짓는 데 사용할 수 없는 것이 아니라, 제련하는 과정을 통하여 불순물은 걸러 내고 새롭게 변화시켜서 하나님의 성막의 기물로 사용하였다는 것입니다. 심리학에 국한시켜 설명한다면 심리학의 제이론들은 기독교적인 인간관과 세계관에 기초를 두지 않은 것들이 많이 있지만, 인간 이해를 함에 있어서 나름대로의 통찰력을 제공하기 때문에 비판적으로 걸러 내며 변화시키는 과정을 거쳐 하나님 나라의 백성들의 삶의 여러 문제점을 예방하며 치료하는 데 제한적이기는 하지만 도움을 줄 수 있습니다. 기독교적인 심리학자들은 이 같은 작업 뿐만 아니라 한 걸음 더 나아가 현재의 심리학적인 이론들을 뛰어넘을 수 있는 성경적인 심리학의 대안을 제시할 필요가 있습니다. 그러나 현재로서는 크리스찬 심리학자들인 스탠톤 존스와 리처드 버트만이 그들이 공저한 〈현대 심리 치료법〉에서 인정했듯이, 하나의 일관성 있는 인격 이론을 갖춘 포괄적이고 종합적이며 대안적인 기독교적 심리학 이론은 아직 나오지 못했습니다.[6]

그래서 존스와 버트만은 현재로서는 크리스찬 심리학자들이 다양한 배경을 가지고 찾아오는 내담자들을 이해함에 있어서 현재의 심리학 이론들과 상담의 접근들을 비판적인 시각을 견지하면서 취사선택적으로(eclectically) 사용하는 것이 바람직한 것 같다고 결론을 내렸습니다. 저 또한 이 작은 분량의 책에서 대안적인 기독교 심리학 이론을 제안하려고 하는 것이 아니며, 또한 현재로서는 그런 능력을 갖고 있지 않습니다. 따라서 이 책을 쓰는 목적은 주일학교 교사들에게 현재 받아들여지고 있는 심리학 이론들을 간략하게 소개함으로 그들이 피교육자들을 이해하며 도와주고자 함에 있어서 기독교적인 인간관과 세계관에 위배되지 않는 범위 내에서 그 이론들

---

6) 스탠톤 L. 존스, 리처드 E. 버트만, 현대 심리 치료법, 이관직 역(총신대 출판부, 1995), p.528.

의 장점들을 활용할 수 있도록 하는 데 있습니다.

존스와 버트만은 기독교적인 상담의 접근법은 다음의 사항들을 포괄적으로 포함하는 것이어야 한다고 지적하였습니다.

> 인간이 된다는 것의 가치와 각각의 인간의 가치에 대하여 깊이 있게 인정함; 예수 그리스도의 죽음을 통해서 제공되어지는 용서로 말미암아 얻을 수 있는, 우리들의 창조자와의 사랑의 관계에 대한 우리의 필요성에 대한 비전; 궁극적인 치유에 있어서 성령님의 사역의 근본적인 위치에 대한 이해; 우리들의 고유한 목적성과 의미에 대한 필요성에 대한 이해; 우리 모두에게 가족과 공동체가 중요하다는 점을 포함하는, 우리들의 근본적으로 관계적인 본성들과 사랑과 용납에 대한 필요성에 대한 이해; 사고하는 것과 느끼는 것 그리고 행동하는 것에 대하여, 각각은 인간 삶에 있어서 분명하고도 중요한 위치를 차지하고 있기 때문에, 균형 잡힌 강조를 하는 것; 죄와 악의 힘에 대한 적절한 인식; 매일매일 인간이 기능함에 있어서 영적 세계의 영향에 대한 이해; 인간의 선택에 있어서 한계점을 인식하는 인간의 자유와 작용에 대한 존중심; 습관과 기술 그리고 학습에 대한 적절한 평가; 인간의 행동에 대한 인간의 내부에 있는 것과 인간의 외부에 있는 영향들에 대한 균형 잡힌 관심; 고통에 대하여 의미가 존재할 수 있으며 우리들은 우리들의 개인적인 만족 추구 이상의 어떤 것을 추구하도록 요청받고 있다고 제시하는 삶의 비전; 각 사람에 대하여 하나님의 사랑에 기초되어 있지만, 다른 사람들과 분리되어 있는 개인을 숭배하지 않는, 각 사람에 대한 존중심; 실제상의 중재 치료와 변화 과정들을 이끌어 가기 위하여 인성 속에서 일어나는 분자(molecular) 과정들에 대하여 충분하게 전

개되어진 특정적인 한 세트의 전제들을 가지는, 인간을 이해함에 있어서 전인주의(holism)에 대한 헌신; 우리들의 고유한 도덕적 본성들과 적절한 권위에 대한, 무엇보다도 하나님과 그의 말씀에 대한 순종의 가치에 대한 존중심; 실존의 육체적인 면과 비육체적인 면에 대한 존중심; 우리들의 변형 합리적[초합리적](transrational), 심미적, 상징적 그리고 이야기를 말하는[내러티브적인](story-telling) 본질에 대하여 동등하게 가치를 평가하는 이해와 균형을 이루는, 합리성에 대한 신격화가 아닌 적절한 평가; 우리들이 알 수 있는 또는 상상할 수 있는 모든 것을 초월하시는 분을 예배하며 그분께 헌신되어야 할 우리들의 필요성에 대한 인식; 그리고 그리스도의 몸 된 교회를 사랑하는 것과 이 세상에서 교회의 사역을 증진시키기 위한 헌신.[7]

2. 신학과 심리학의 관계

　신학(theology)은 심리학(psychology)과 밀접한 관계를 맺고 있습니다. 하나님에 대한 이해를 시도하는 학문인 신학의 이해가 배제된 심리학은 매우 제한적일 수밖에 없습니다. 심리학이란 단어는 헬라어로 '프쉬케'(psyche)와 '로기아'(logia)가 합성된 단어인데 인간의 정신, 혼, 마음을 연구하는 학문입니다. 하나님의 형상으로 창조된 인간의 정신 세계를 이해함에 있어서 창조주인 하나님에 대한 이해가 없이 심리학을 전개한다고 하는 것은 기초가 없는 집과 같다고 말할 수 있습니다. 기초를 이해하면 심리학의 다양한 이론들을 보다

---

7) 앞의 책, pp.527-528.

풍성하게 이해할 수 있습니다. 항상 가능한 것은 아니지만 심리학적인 설명을 신학적으로 설명하는 것이 가능하며, 또한 더 깊이 있게 설명해 낼 수도 있습니다. 예를 들면 미국의 크리스찬 심리학자인 폴 프라이저(Paul Pruyser)는, 심리학에 너무 매료된 나머지 신학적인 이해를 소홀히 했던 목회자들을 향하여, 신학적인 용어와 이해를 통해서도 내담자들의 상태를 진단해 낼 수 있다고 그의 책 〈진단자로서의 목회자〉에서 역설한 바 있습니다.[8]

  목회 상담학자로서 저는 신학적인 인간 이해가 심리학적인 인간 이해와 밀접하게 관련이 있으며 심리학적인 인간 이해를 풍성하게 한다고 생각합니다. 또한 심리학적인 인간 이해는 신학적인 인간 이해를 보다 선명하게 설명해 줄 수 있다고 생각합니다. 보통 신학교에서는 학생들을 가르칠 때 성경신학, 조직신학, 교회 역사신학, 실천신학 그리고 선교신학으로 나누어서 가르칩니다. 그 중에서도 좁은 의미에서 신학이라고 할 때에는 조직신학을 의미하는데, 조직신학적인 이해는 심리학적인 인간 이해를 비판하며 수용하는 데 매우 큰 도움을 줍니다. 이 부분을 연결하려면 또 다른 많은 분량의 책을 써야 하겠지만 신론의 관점에서 간략하게 몇 가지만 설명해 보겠습니다. 여기에서 심리학적인 이해는 적용적인 면에서 상담학적인 인간 이해와 연결되기 때문에 상담학적인 이슈들과 주로 연결 지어 살펴보려고 합니다.

창조주 하나님

  올바른 인간 이해를 하려면 하나님에 대한 올바른 이해가 선결되

---

8) Paul W. Pruyser, *The Minister as Diagnostician* (The Westminster Press, 1976).

어야 합니다. 왜냐하면 인간은 창조주이신 하나님의 피조물이기 때문입니다. 피조물로서의 인간 이해를 정확하게 하는 데 필수적인 하나님의 존재와 그의 품성을 이해하지 않고 자연적인 영역에서 인간을 이해하려는 것은 매우 제한적이며 왜곡될 수 있는 위험성을 내포하고 있습니다. 일반 학문으로서 그리고 과학으로서의 심리학은 초자연적인 영역을 인정하려고 하지 않습니다. 왜냐하면 그것은 현대 과학이 전제로 하고 있는 실험주의적이며 실증주의적인 관점에서 볼 때 맞지 않기 때문입니다. 물론 최근의 심리학의 한 부류에는 '초인격 심리학'(transpersonal psychology)이 대두되고 있어서 초자연적인 현상도 심리학의 연구 대상으로 포함시키기도 하지만, 아직까지 전반적인 심리학의 접근은 과학주의적인 전제를 내포하고 있습니다. 앞으로 기독교적인 세계관을 가진 심리학자들이 많아져서 올바른 신관에 기초를 둔 심리학 이론을 제기해야 하리라고 봅니다.

하나님이 창조주이시며 그분은 영원 전부터 영원 후까지 자존하시는 분이라고 우리가 믿을 때 상담의 현장에서 내담자들은 현재의 힘든 환경을 넘어서서 역사하시는 하나님에 대한 신뢰감을 회복할 수 있습니다. 천하 만물을 만드시고 다스리시며 섭리하시는 하나님께서 피조물의 으뜸으로 만드신 인간에 대해 관심을 갖고 계시며 "오늘 있다가 내일 아궁이에 던져지는 들풀도 하나님이 이렇게 입히시거든 하물며 너희일까보냐 믿음이 작은 자들아"(마 6:30)라고 말씀하시는 것에서 내담자들은 궁극적인 신뢰감을 회복할 수 있게 됩니다. 무에서 유를 창조하시고 기적과 기사를 행하시는 하나님은 불가능을 가능하게 하실 수 있는 분이며, 깊은 수렁에서 끌어올리시며 구원해 주시는 분입니다. 그리고 인간은 우연히 존재하게 되었거나 오랜 세월을 거쳐 미생물로부터 진화된 존재가 아니라 하나님께서 처음부터 목적을 가지고 창조하신 피조물이라고 하는 사실은 인간의 존엄성과 의미, 목적을 깨닫게 해줍니다.

하나님이 인간을 만드신 창조주라고 하는 사실은 인간의 전인격적인 영역의 메커니즘을 하나님이 이미 알고 계신다는 것을 말해줍니다. 그분은 의사들의 관심사인 신체 조직의 모든 메커니즘을 창조하셨기 때문에 제한적인 지식을 가지고 치료에 임하는 의사들보다 더 정확하게 신체의 각 부분에 대해서 알고 계시며, 따라서 그분은 자신이 원하시면 현대 의학으로는 도저히 고칠 수 없는 질병이라도 고칠 수 있는 능력을 갖고 계신 치유의 하나님이십니다. 그분은 정신적 영역에서도 정신 의학자들과 심리학자들이 이해하는 인간 이해를 훨씬 넘어서서 인간의 마음을 이해하시고 "마음의 생각과 뜻을 판단"하시며(히 4:12 참조) "마음의 비밀을 아시는" 분입니다(시 44:21 참조). 따라서 하나님은 인간의 인격 구조와 작용 그리고 병리의 원인들에 대하여 잘 알고 계십니다. 그뿐 아니라 하나님은 각 개인을 넘어서는 시스템들과 개인과의 상호 연관성과 역동성에 대하여 잘 알고 계시는 분입니다. 왜냐하면 가족, 사회, 교회, 문화, 국가, 환경 그리고 우주에서 일어나는 모든 일들이 그분의 다스리심을 받고 있으며 온 땅이 그분의 감찰하심을 받고 있기 때문입니다(욥 28:24 참조). 조직신학에서는 이것을 하나님의 전지성(omniscience)이라고 표현합니다. 다윗은 하나님의 전지성을 다음과 같이 노래하였습니다: "여호와여 주께서 나를 살펴 보셨으므로 나를 아시나이다 주께서 내가 앉고 일어섬을 아시고 멀리서도 나의 생각을 밝히 아시오며 나의 모든 길과 내가 눕는 것을 살펴 보셨으므로 나의 모든 행위를 익히 아시오니 여호와여 내 혀의 말을 알지 못하시는 것이 하나도 없으시니이다"(시 139:1~4).

하나님의 신실성

예측할 수 없는 위기의 풍랑을 만나게 되는 인생의 항로에 있어서 인간은 "어제나 오늘이나 영원토록 동일"하신(히 13:8 참조) 하나님에 대한 신뢰감을 필요로 합니다. 하나님은 변덕이 많으셔서 이렇게 했다가 저렇게 뒤바꾸고 충동적으로 일을 처리하시는 분이 아니시기 때문에, 천지를 창조하실 때에도 계획을 가지시고 질서 있게 만드셨고, 일관성 있게 구속 사역을 이루어 가십니다. 신실성의 영어 단어는 'faithfulness'인데 이것은 'faith-full'의 명사형으로서 믿을 만한 것이 충만하다는 뜻입니다. 다시 말해 하나님은 믿을 만한 것으로 꽉 차신 분으로서, 불안하고 초조해 하며 불신하는 사람들에게 치료적인 하나님으로 다가오시는 분입니다.

인간은 상처를 받게 되면 주변 사람이나 주변 환경을 불신하게 되고, 다시 상처를 받지 않기 위하여 자기를 방어하는 기제가 발달하게 됩니다. 처음에는 자기를 보호해 주던 보호막이 나중에 어른이 되어서도 불필요하게 사용되면 대인 관계에서 어려움을 겪습니다. 방어막이 두꺼운 사람일수록 그 마음에 신뢰감이 무너져 있는 것을 볼 수 있습니다. 예를 들어 성폭행을 당한 경험이 있는 여성은 자신이 입은 전인격적인 상처로부터 치유되지 않으면 남성 전체에 대한 불신감이 생겨나 남성들이 정상적으로 접근하는 것에도 과민 반응을 보이며 접근하는 것을 회피하게 됩니다. 발달 심리학자 에릭 에릭슨(Erik Erikson)은 인간이 태어나 첫번째 단계에서 성취해야 할 심리적 과제는 신뢰감을 형성하는 것이라고 통찰력 있게 지적하였습니다. 인격 형성에 있어서 기초와 같은 역할을 하는 신뢰감이 채 형성되지 않거나 형성되었던 신뢰감이 무너지면 다른 중요한 심리적 과제들도 제대로 형성되거나 유지되기 힘들다고 말할 수 있습니다. 그래서 상담 과정에 있어서도 초기 과정에서 가장 중요시하며 필요한 것이 바로 상담자와 내담자 사이에 신뢰감을 구축하는 것입니다. 신뢰감이 형성되어야 치료적 관계(therapeutic relationship)를 형성할 수 있으며 구체적인 치료를 할 수 있기 때문입니다.

삶에서 신뢰감이 무너지면 온갖 병리적인 현상들이 고개를 들고 나타납니다. 개인적인 삶에서는 피해 의식과 편집증(paranoia)이 생겨나 편집성 인격 장애(paranoid personality disorder) 증상이 나타날 수 있습니다. 불안, 초조, 대인 기피증, 대인 공포증 그리고 광장 장애는 모두 불신감과 관련이 있는 증상입니다. 정신 분열증의 피해 망상 장애, 자폐 증세, 공격성은 신뢰감이 무너진 사람에게서 나타나는 증상입니다. 또한 자기 자신에 대한 신뢰감이 무너지면 자신감을 잃고 좌절하며 절망하고, 열등감에 시달리게 되며, 심한 경우에는 자살하기도 합니다. 부부 관계에서 신뢰감이 무너지면 부부 싸움으로부터 시작해서 병리적인 경우에는 의처증 혹은 의부증까지 드러내게 됩니다.

우리가 살고 있는 이 세상은 이상적인 안정된 공간을 제공해 주지 못하고 있습니다. 부부 갈등, 가정 폭력, 학교 폭력, 왕따 현상, 강도, 절도, 강간, 살인, 교통 사고, 감봉, 실업, 급변하는 기술 발달, 성차별, 경쟁적인 사회 구조, 전쟁 그리고 환경 오염 등 삶의 도처에서 삶의 안정감과 신뢰감을 무너뜨릴 수 있는 지뢰밭을 통과하며 살아가고 있는 것이 오늘 현대인의 삶이기도 합니다. 이 같은 삶에서 우리도 인식하지 못하는 사이에 주변 환경에 대한 건강한 신뢰감보다는 불신감이 점점 생겨나 우리의 인격이 병리적이 될 수 있음을 깨달을 필요가 있습니다. 더 나아가 이 같은 불안한 환경 속에서 살아갈 때 인간은 신뢰할 만한 것이 꽉 찬 하나님의 신실성에 대한 믿음이 더욱 견고해져야 합니다. 그분은 "환난 중에 만날 큰 도움"(시

46:1)이시며 "요새이시요 나의 산성이시요 나를 건지시는 이시요 나의 방패"(시 144:2)이시기 때문입니다.

하나님의 주권성(Sovereignty)

하나님이 만유의 주인이시며 만물을 다스리시며 섭리하시는 분이라는 인식은 인간 이해를 새롭게 합니다. 하나님은 자신의 뜻과 계획하심, 예정하심, 섭리하심을 통하여 만유를 통치하시는 주인이십니다. 따라서 만유 중의 일부인 인간은 그분의 다스림을 받아야 하며, 인도하심을 필요로 하는 존재입니다. 그분은 만왕의 왕이시며, 인간은 마땅히 왕 되신 하나님을 섬기도록 지으심을 받았습니다. 하나님은 인간을 창조하실 때 로봇처럼 기계적으로 만들지 아니하시고, 자유 의지를 주심으로 인간에게 선택할 수 있는 권리와 능력을 주시고 자발적으로 하나님을 섬기도록 하셨습니다. 그러나 죄를 범한 인간은 자유 의지를 가지고, 하나님이 기뻐하시는 일보다는 싫어하시는 일을 행하며, 그 마음이 하나님으로부터 멀어진 상태에 처하게 되었습니다.

죄를 범한 인간은 하나님의 다스리심을 받는 것을 거부하였고 반역(rebellion)하는 행동을 드러내었으며, 현대의 많은 불신자들은 그들의 삶에서 참 주인이신 하나님의 주 되심(Lordship)을 인정하지 않고 살아갑니다. 참된 주인이 사라진 그들의 삶에 거짓 신과 거짓 주인이 자리를 잡음으로 인하여 그들은 우상을 섬기고 돈과 명예, 성, 부하게 되는 것에 초점을 맞추고 그들의 모든 에너지를 쏟고 있습니다. 참 하나님을 믿는 대신 종교의 틀을 가지고 있는 거짓 신에게 경배하며 우상을 섬기고 있는 현대인들은 일반 은총의 영역인 인간의 종교성이 가져다 주는 제한된 범위의 인격 수양과 타인에 대한 존중, 자연 만물에 대한 존중을 진정한 종교성의 전부인 양 생각하고 거기에 안주하며 살아가고 있습니다. 또한 많은 이들은 하나님께 향해야 할 신앙적인 에너지를 왜곡된 대상에게 쏟음으로써 알콜이 없이는 살아갈 수 없게 되었으며, 중독적으로 성생활에 집착함으로써 병리적이 되며, 돈 버는 데 혈안이 되어 배금주의를 삶의 철학으로 삼고 살아가며, 틈만 나면 스포츠에 광적으로 매달리는 등 형태와 대상은 다르지만 중독적인 삶을 살아가고 있습니다. 금세기의 유명한 분석 심리학자인 칼 융은 알콜 중독은 진정한 하나님과의 관계를 경험하지 못함에서 오는 공허감을 알콜로 채우려는 과정이라고 통찰력 있게 지적한 바 있습니다.

 익명의 알콜 중독자들(Alcoholics Anonymous)의 모임에서 사용하는 12단계의 치료 과정 중 첫번째 단계가 알콜 중독자 자신의 무력함을 인정하고 자신보다 능력이 훨씬 크신 하나님께 의존한다고 고백하는 것은 의미가 있습니다. 하나님의 다스리심과 주인 되심을 인정하지 않는 삶에는 왜곡과 장애가 생겨날 수밖에 없으며 삶의 중독성이 싹트게 되어 있습니다. 알콜 중독, 마약 중독, 성 중독, 일 중독, 관계 중독, 음식 중독 그리고 최근의 현상인 인터넷 중독과 같은 다양한 형태의 중독은 모두 인간에게서 자유를 빼앗아 노예로 만들며, 하나님께로 향할 관심을 빼앗아 버립니다. 이 같은 병리적인 중독성으로부터 자유하는 길은 하나님의 통치를 삶에서 인정하고 받아들이는 것입니다. 하나님의 다스리심에서 오는 참 평안과 참 기쁨, 참 자유를 맛보게 되면 잠시 동안 경험하는 거짓 평안과 거짓 기쁨, 거짓 자유를 포기할 수 있는 용기가 생기기 때문입니다. 스위스의 의사이자 상담자인 폴 투르니에가 지적했듯이, 예수 그리스도의 십자가 앞에 가까이 나아가면 나아갈수록 죄의 영향으로부터 점점 더 멀어지며 치유함과 진정한 자유를 경험할 수 있게 됩니다. 동시에 두 주인을 섬길 수 없듯이 하나님을 섬기며 그분의 다스리심을 받으면 우리는 죄로부터 점점 더 자유로워질 수 있는 것입니다. 저는 상담의 현장에서 특히 중독성으로 인하여 갈등하는 내담자들을 만날 때 그들에게 하나님 앞에 자주 무릎 꿇는 삶을 권합니다.

하나님의 자존성

 호렙 산 가시떨기 불꽃 가운데서 모세에게 나타나신 하나님은 "나는 스스로 있는 자니라"(I am who I am)라고 자신을 계시하셨습니다. 하나님은 영원 전부터 영원 후까지 스스로 존재하시며, 그 무엇으로부터 지음을 받으신 분이 아니며, 누구에게 의존하는 분이 아니시며, 독립성을 유지하시는 분입니다. 하나님은 심지어 인간의 경배와 찬양에 의존적인(dependent) 존재도 아닙니다. 우리의 경배와 찬양이 없더라도 하나님은 하나님이시며, 그 영광과 가치가 조금도 손상받지 않으시는 분입니다.

 하나님은 존재 자체에 가치가 있는 분이시며(being), 인간을 창조하실 때에도 자신의 형상을 따라 존재 자체에서 인간(human-being)의 가치를 갖도록 창조하셨습니다. 물론 인간에게 있어서 무엇을 하느냐, 무엇을 생산해 내느냐는 행동(doing)으로부터의 정체성도 중요합니다만, 존재 가치가 전제되지 않은 인간은 기계적이며 유물론적인 존재로 전락하게 될 가능성이 높습니다. 행동주의 심리학과 인본주의 심리학을 비교하자면, 행동주의 심리학은 인간의 행동에 초점을 맞춤으로써 인간을 다른 동물들과 구별 짓는 경계선을 흐리게 만든 점에 있어서 비평을 받아야만 합니다. 역으로 인본주의 심리학은 인간의 존재 가치에 대하여 매우 적극적이며 긍정적인 면에서 나름대로 기여한 점이 크다고 할 수 있으나, 그 인간이 의존하고 있는 하나님의 존재성과 그 존재 가치를 제외하고 인간의 가치를 극대화시킨 점에 있어서 비평을 받아야 마땅합니다.

자존성과 독립성을 가지신 하나님과 대조적으로, 피조물인 인간은 존재할 수 있는 기간이 유한하며 또한 의존적인 존재입니다. 이 땅에서의 생명이 유한하며 모두가 죽음을 경험할 수밖에 없는 존재입니다. 그러나 크리스찬들은 부활하신 예수 그리스도의 공로를 힘입어 죽음 이후에도 하늘 나라에서 영원한 생명을 누리는 은총을 받은 자들입니다. 의존적인 측면에서 인간을 이해하자면, 인간은 "혼자 사는 것이 좋지 아니하니"(창 2:18 참조) 남자와 여자로 지으심을 받았고, 또한 타인과 더불어 살아가도록 지으심을 받았습니다. 건강한 의미에서 인간은 상호 의존적(inter-dependent)이어야 합니다. 타인에 대한 관심이나 공감이 거의 없으며 타인의 필요성도 느끼지 못하고 타인을 위한 섬김의 마음도 없는 사람은 분열성 인격 장애(schizoid personality disorder)를 갖고 있는 사람입니다. 반면에 역기능적인 가정과 시스템 속에서 살아가는 인간은 동반 의존적(co-dependent)입니다. 서로가 서로에게 의존적이어서 스스로의 힘으로는 설 수 없고 독립적이지 못한 것은 건강하지 못한 것이며, 그 뿌리에 열등감이 자리 잡고 있습니다.

편벽되지 않으신 하나님

하나님에 대한 올바른 이해는 건강한 인간 이해를 하는 데 있어서 필수적입니다. 성경에 계시된 하나님은 인간을 평가하실 때 외모로 취하시지 않는 분이며 오히려 마음의 중심을 보시는 분입니다(삼상 16:7, 행 10:34, 갈 2:6 참조). 하나님은 인간을 보실 때 백인과 황인 그리고 흑인으로 크게 구분될 수 있는 인종에 따라서 인간의 가치를 평가하시는 분이 아닙니다. 또한 남성, 여성이라는 외적인 모습으로 차별하시는 분도 아닙니다. 나이가 많고 적음에 따라 평가하시는 분도 아닙니다. 빈부의 차이로 사람을 판단하시지도 않습니다. 하나님은 세상의 모든 인간들을 하나님의 형상을 따라 지으셨으므로 그 피조물인 모든 인간들을 소중하고 가치 있는 존재로 보십니다. 더 나아가, 하나님의 가치 판단의 기준은 각 사람의 마음 속에 하나님에 대한 믿음이 있는가 하는 것입니다. 이 같은 판단 기준은 인간들의 판단 기준과는 다를 때가 매우 많습니다.

인간은 겉을 보고 판단하는 경향이 있기 때문에 속임을 당할 때가 많습니다. 그러나 하나님은 속임을 당하시지 않으며 만홀히 여김을 받으시지 않습니다(갈 6:7 참조). 왜냐하면 하나님은 사람의 마음을 감찰하시는 분이며, 그분에게는 어두움이나 빛이 문제가 되지 않기 때문입니다. 미국의 교육 방송에서 유치원 아동들을 대상으로 실험을 한 적이 있었다고 합니다. 한 통제 집단을 대상으로 잘생긴 젊은 백인 여선생님과 별로 인물이 뛰어나지 않은 흑인 여선생님으로 하여금 똑같은 교육 방법과 교육 내용으로 가르치게 한 다음 누가 더 잘 가르쳤는지를 질문하자 거의 대다수의 아동들이 젊고 잘생긴 백인 여선생님을 지적했다고 합니다. 이것은 무엇을 말해 줍니까? 인간의 판단 기준은 외양에 치우칠 때가 많다는 사실을 객관적으로 증명해 주는 것입니다.

죄가 세상에 들어온 뒤로부터 사람들은 다른 사람들을 볼 때 겉모습을 보고 판단하고, 선입견을 가지고 대하며, 첫인상을 가지고 평가하며, 외적인 모습으로 판단하여 대인 관계를 맺게 되었습니다. 따라서 인간의 삶에서 하나님이 원래 의도하셨던 질서가 무너지게 되었고, 다양한 형태의 악이 나타나게 되었습니다. 하나님의 선민이라고 자처하는 이스라엘 백성들도 하나님의 속성에 대하여 오해함으로 하나님을 편애주의(favoritism)를 가지신 분으로 생각하고, 선민 의식과 아울러 우월 의식으로 인하여 다른 나라 사람들을 모두 이방인이라고 생각했으며, 심지어는 개처럼 취급했습니다. 따라서 이방인들과는 같이 식사도 하지 않았고 상종하지도 않았습니다. 이 같은 악에 대하여 예수 그리스도께서 오셔서 유대인과 이방인 사이에 막혀 있던 담을 허셨고, 율법적으로 의인이라고 자처하는 바리새인들과 세리, 창녀들로 대표되는 죄인들 사이의 경계선을 무너뜨리셨습니다. 혈통으로 아브라함의 자손이라고 자부심을 갖고 있었던 유대인들을 향하여 세례 요한은 하나님께서 원하시면 "이 돌들로도 아브라함의 자손들을 만드실 수 있다"고 말하였습니다. 복음에 대한 올바른 이해가 생겼던 바울과 베드로는 "하나님은 사람을 외모로 취하시지 않는다"는 사실에 확신을 가졌고, 예수 그리스도께서 십자가에 달리신 것은 유대인들만을 위한 것이 아니며, 하나님께서 유대인들을 택하신 이유는 그들을 통하여 하나님의 사랑이 온 세계 만민에게 전달되도록 하는 데 있었다는 것을 전파하였습니다.

외모로 인간을 판단하는 왜곡된 인간 이해는 이외에도 많은 악을 이 세상에 가져왔습니다. 교회가 흑인은 하나님의 저주를 받은 백성이라고 가르침으로 그들을 노예로 삼고 짐승처럼 취급하게 했으며, 백인 우월주의를 성경적인 근거를 들어 뒷받침하기도 했습니다. 최근까지도 남아프리카공화국에서 존재했던 흑백 차별 정책도 하나님에 대한 왜곡된 이해와 인간 이해가 가져온 구조적인 악이었습니다. 겉으로는 인간의 평등을 보장하는 미국 사회에는 아직도 흑백의 갈등이 남아 있으며, 앵글로색슨족이 아닌 타민족에 대한 눈에 드러나게 보이는 차별(discrimination)과 눈에 보이지는 않지만 느껴지는 편견(prejudice)이 존재하고 있습니다. 역사적으로, 유태인을 증오하는 히틀러는 수백만 명의 유태인들을 가스실에서 살상하는 인종 살상(genocide)이란 악을 저질렀으며, 이때에도 독일의 많은 교회들이 히틀러의 정책을 지지함으로써 악행을 동조하며 방관하였습니다. 이외에도 인류 역사에는 인종 살상의 만행이 여러 차례 저질러져 왔습니다. 성차별(sexual discrimination)도 타락한 인간의 삶이 가져온 산물입니다. 남성 우월주의 속에서 여성은 차별 대우를 받고 남성의 예속물처럼 다루어지기도 하고 성적 노리개감으로 대우받았던 적도 있었습니다. 전쟁이 일어나면 많은 여성들이 강간을 당해야 했고 인권이 유린당했습니다. 최근에 문제가 되고 있는 일본 위안부 문제도 왜곡된 인간 이해가 가져다 준 만행이라고 할 수 있습니다. 오늘 현대의 한국 사회가 점점 여성의 권익을 보호하기 위하여 법적인 보호 장치를 만들고 노력을 하고 있지만, 아직도 교회와 사회 깊숙히 뿌리 박혀 있는 남성 우월주의를 삶의 다양한 영역에서 쉽게 경험할 수 있습니다. 하나님은 남성을 여성보다 더 편애하시는 분이 아닙니다. 외모로 인간을 판단하는 경우는 한국 사회에서 승용차의 종류에 따라 사람의 등급을 매겨 대우하는 것에서도 찾아볼 수 있습니다. 배기량이 큰 차, 새 차, 비싼 차를 탈수록 호텔이나 관공서에서 특별 대우를 하고 오래된 중고차나 경차를 몰고 다니면 그 속에 있는 사람까지 무시해 버리고 대우하는 것은 하나님의 시선으로 인간을 바라보지 못하는 죄성을 가진 인간의 왜곡된 태도와 이해에서 기인하는 것입니다.

　행동주의 심리학은 인간의 내적인 동기나 내면의 모습을 무시하고 드러난 외적 표현과 행동에 관심을 갖는 학문입니다. 그 나름대로 통찰력이 있는 부분도 있지만 자칫하면 인간 이해가 표면적이 될 위험성이 높습니다. 다시 말해 인간을 이해할 때 외모로 판단할 수 있다는 것입니다. 예를 들어, 속마음으로는 선생님을 무시하며 미워하는 주일학교 아동이 선생님이 볼 때나 선생님 앞에서는 고분

고분하고 말도 잘 듣는 척할 때 행동주의적 인간 이해를 하는 선생님은 그 아이를 매우 착한 아이로 오해하여 평가할 수 있으며 따라서 속임을 당할 수도 있는 것입니다. 성경에 나타난 바리새인과 서기관들은 외식하는 자들이라는 호된 질책을 예수님으로부터 받았습니다. 왜냐하면 그들은 사람들을 볼 때 외부적인 모습으로 판단하며, 심지어 자기 자신에 대해서까지도 자신의 외면적인 모습을 자신의 진정한 모습과 동일시했기 때문입니다. 사람들이 보는 기준으로는 그들은 율법을 강박적으로 지킬 만큼 의롭게 보이는 자들이었지만, 마음으로는 하나님으로부터 떠나 있는 자들이었으며, 예수님으로부터 "회 칠한 무덤"과 같다는 비난을 받기도 했습니다.

편애주의(favoritism)라는 측면에서 교회 교육을 살펴볼 때 교사들 중에는 자기가 가르치는 아이들 중에서 어떤 아이들은 더 귀여워하고 더 관심을 가져 주며 어떤 아이들은 무시하고 야단을 치는 사람들이 있습니다. 이 같은 교육 태도는 아이들의 마음에 상처를 줄 수 있는 일임을 인식할 필요가 있습니다. 물론 어떤 아이들은 하는 행동이 더 귀엽고 외모도 예뻐서 선생님도 자연스럽게 그런 아이들에게 더 관심을 갖게 되기가 쉽습니다. 그러나 그것은 자칫하면 다른 아동이나 청소년들의 마음 속에 경쟁심과 시기심을 불러일으키고 분노감을 싹트게 하며 마음에 상처를 줄 수 있습니다. 편애주의의 방식으로 자녀를 양육하는 부모는 역기능적이라고 말할 수 있습니다. 부모들끼리 서로 자녀들을 자기 편으로 만들려고 하고 특정한 자식을 더 예뻐하며 자식들을 비교하는 것은 건강한 양육 방식이 아닙니다. 주일학교 교사들 중에는 역기능 가정에서 자라난 성인 아이들이 많습니다. 자신이 가정에서 성장하면서 받았던 편애로 인한 마음의 상처를 갖고 있는 분들 중에는 자신은 다른 사람들을 그렇게 대하지 말아야겠다고 굳게 결심하고 편애하지 않고 골고루 사랑하는 사람들도 있지만, 그들 중에 많은 사람들은 자신이 받은 상처가 치유되지 못한 채 그들의 자녀나 혹은 주일학교 아동들과 관계할 때 편애하는 경향을 보이기도 합니다. 알콜 중독자 부모 밑에서 자라난 성인 아이들 중에 그 상처를 반복하지 않으려고 술을 입에 대지도 않는 사람들이 있는가 하면, 자신이 그토록 싫어하던 알콜 중독을 부모와 마찬가지로 어느새 자신의 삶에서 갖게 되는 사람들이 많이 있는 것에서 동일한 역동성이 발견됩니다. 따라서 교사들은 자신의 삶에 대하여 좀더 깊이 인식하여 자신의 상처로 인하여 피교육자들에게 마음의 상처를 주는 일이 없도록 노력해야 하며, 편애하지 않으시는 하나님 아버지의 속성을 본받아 아이들을 교육적으로 양육할 수 있도록 해야 할 것입니다.

하나님의 초월성과 임재성

하나님은 신비로운 분이셔서 이 지구상에 거하는 모든 인간들의 삶에 직접 간섭하시며, 또한 믿는 하나님의 자녀들에게 성령으로 임하셔서 친히 거주하시며 인도하시는 동시에 공간과 시간에 제한을 받지 않으시고 온 우주 만물을 친히 다스리시며 또한 우주 만물을 초월하여 존재하시는 분입니다. 지구상에 우리가 호흡하고 살아가는 어느 공간에나 우리의 생명을 유지시켜 주는 공기가 대기권 안에 있음으로 인하여 우리가 어디로 가든지 호흡할 수 있듯이, '바람', '호흡' 의 의미를 갖고 있는 '프뉴마' (영)이신 성령 하나님은 우리가 어디로 가든지 그곳에서 우리와 함께 임재해 주시고 동행해 주시는 분입니다. 조직 신학에서는 하나님의 이 같은 속성을 '무소부재성' (omnipresence) 혹은 '편재성' (ubiquity)이라고 표현합니다. 다윗은 시편에서 하나님의 편재성을 다음과 같이 노래하였습니다: "내가 주의 영(your Spirit)을 떠나 어디로 가며 주의 앞에서 어디로 피하리이까 내가 하늘에 올라갈지라도 거기 계시며 스올에 내 자리를 펼지라도 거기 계시니이다 내가 새벽 날개를 치며 바다 끝에 가서 거주할지라도 거기서도 주의 손이 나를 인도하시며 주의 오른손이 나를 붙드시리이다"(시 139:7~10).

임마누엘이신 하나님에 대한 이해를 갖게 될 때 인간이 갖는 불안과 외로움, 소외에 대한 해결책을 제시해 줄 수 있습니다. 하나님의 자녀들이 고통과 위기를 겪게 될 때에도 그들의 삶의 현장에 친히 임재하시며 체휼하시며 공감하시는 하나님이 있음을 믿음의 눈으로 받아들이게 될 때, 견뎌 낼 수 있는 힘을 얻게 되며 새로운 의미를 발견하게 될 수 있습니다. 자연주의적이며 과학주의적인 시각을 넘어서서 초자연주의적이며 초과학주의적인 하나님의 인도하심에 대해 개방적인 태도를 갖는 것은 심리학이나 일반 상담학 이론과 실제가 제공할 수 없는 부분이라고 할 수 있습니다.

하나님의 공의성

하나님은 불의를 미워하시며 정의와 공의를 사랑하시는 분입니다. 정의(justice)란 영어 단어는 칭의(justification)의 영어 단어와 같은 어근을 갖고 있습니다. 하나님은 예수 그리스도의 십자가의 은총을 통하여 우리를 의롭다고 인정하십니다. 그리고 의롭다 함을 입은 자들이 정의롭게 살아가기를 원하십니다. 성경에 나타난 하나님의 뜻대로 살아가려고 힘쓰는 것은 정의를 실천하려고 애쓰는 것과 동일한 것이라고 말할 수 있습니다. 하나님의 형상의 한 특성인 정의성은 회복된 하나님의 자녀들이 지향해야 할 중요한 덕목 중의 하나입니다. 정의와 진실을 사랑하는 사람은 그 인격이 건강한 반면에, 불의와 거짓을 기뻐하는 자들은 그 인격이 병든 자들입니다.

공의는 사랑과 균형을 이룰 때 그 진가가 드러납니다. 사랑이 없는 정의는 가혹할 수 있으며, 정의가 결여된 사랑은 값싼 은혜에 지나지 않습니다. 하나님 자신이 사랑과 공의를 균형 있게 유지하시는 분이며, 인간들 또한 개인적인 삶에서 뿐만 아니라 집단적인 삶 속에서 사랑과 공의를 균형 있게 발달·유지시켜야 할 요청을 받고 있습니다. 상담자는 내담자에게 이 두 가지 면을 경험시켜 주고 내담자의 삶 속에서 이것들이 균형 있게 발달될 수 있도록 돕게 됩니다.

이외에도 신론의 관점에서 살펴볼 수 있는 상담적인 주제들이 많이 있으며, 또한 인간론, 기독론, 구원론, 교회론 그리고 종말론의 틀 속에서 세부적으로 살펴볼 수 있는 상담적인 주제들이 많이 있습니다. 이와 같이 신학과 심리학 혹은 상담학은 전혀 상관이 없는 학문이 아님을 알 수 있습니다. 심리학의 개념들을 모두 신학적으로 설명하거나 신학의 개념을 모두 심리학적인 개념으로 설명하는 것은 가능하지 않습니다. 각각은 나름대로 독특한 전제와 체계를 갖고 있고 관심사가 다르기 때문에, 심리학적 신학이나 신학적 심리학으로, 하나로 체계화시키는 것은 어렵습니다. 그러나 서로에게는 질적인 차이는 있지만 어느 정도의 유비(analogy)가 존재하며, 그 유비를 이해할 때 각각의 개념들을 보다 선명하게 설명해 낼 수 있는 가능성이 존재합니다. 기독교 심리학자의 태도는 신학적인 큰 틀 속에서 하위 체계라고 말할 수 있는 심리학을 이해하며 비평 사용할 수 있는 것이라고 말할 수 있습니다. 그렇게 하기 위해서는 올바른 신학적인 이해 속에서 심리학을 소화해 내고 하나님 나라의 백성들을 구체적으로 이해하고 돕는 데 그것을 활용할 수 있는 지혜가 필요합니다. 더 나아가 현재의 심리학 이론들을 섭렵하면서도 기독교적으로 보완해 나갈 수 있는 심리학 이론을 개발해야 할 것입니다.

ptart
3장

치유의 목표

나의 가는 길을 오직 그가 아시나니 그가 나를 단련하신 후에는
내가 정금 같이 나오리라(욥 23:10).

한국 교회 일각에 소개되고 있는 내적 치유나 가계 치유는 많은 성도들로부터 나름대로 호응을 얻고 있습니다. 또한 금식과 기도를 통하여 초자연적인 하나님의 치유적 능력에 의존하는 신체 치유도 은사주의적인 교회들을 중심으로 시도되고 있습니다. 일부 크리스찬 의사들은 전인 치유적인 접근을 하기도 합니다. 최근에 점점 주목을 받고 있는 목회 상담 분야에서는 목회적이며 상담적인 접근을 통하여 내담자들의 삶에 변화가 일어나도록 돕는 치유를 감당하고 있습니다. 이와 같은 여러 형태의 치유적 접근들은 전제와 치유 방법, 치유 과정, 치유자의 역할 그리고 치유 목표에 있어서 공통점과 상이점을 갖고 있습니다.

초대교회에서부터 현대 교회에 이르기까지 '치유하기'(healing)는 목회적 돌봄(pastoral care)의 중요한 기능 중의 하나가 되어 왔습니다. 이는 예수님의 공생애 사역에서 두드러지게 드러나며 또한 사도행전에서 사도들의 사역에서도 나타나는데, 주로 신체 치유와 밀접하게 관계되어 있습니다. 그뿐만 아니라 구약에서도 치유는 풍부하게 다루어져 있습니다. 더 나아가 하나님은 자신을 "나는 너희를 치료하는 여호와"(출 15:26)로서 자신을 소개하시기까지 하셨습니다. 구약에서는 개인적 차원의 치료뿐만 아니라 마라의 쓴물을 단물로 치료하시는 것에서나 여리고의 물을 고치는 것에서 환경적 치유의 모습까지 발견하게 됩니다: "여호와의 말씀이 내가 이 물을 고쳤으니 이로부터 다시는 죽음이나 열매 맺지 못함이 없을지니라"(왕하 2:21). 성경은 치유를 다루되 단순히 한 개인의 치유뿐만 아니라 공동체적 치유, 국가적 치유, 환경적 치유 그리고 우주적 치유까지 다루고 있습니다. 제한적으로 개인적 차원에서 치유를 생각할 때 치유는 인간 이해를 전제로 합니다. '치료자가 어떤 인간관을 갖고 치료에 임하는가?'라는 질문은 매우 중요하며, 그것은 또한 치유의 목표를 설정하는 데에도 큰 영향을 끼치게 됩니다.[9]

현재 한국 교회는 신체적인 치유에 있어서 일반 의학적 접근을 수용하는 데 큰 어려움이 없는 것 같습니다. 신체의 어느 부분이 병들었을 때 그 부분의 증상과 원인으로부터 자유로워지거나 회복되는 것을 치료라고 표현합니다. 즉 신체적인 치료 과정에 있어서 병의 원인을 제거하는 것 혹은 증상을 경감시키거나 제거하는 것이라고 표현할 수 있겠습니다. 치유적인 접근에 있어서 현재 많은 한국 교회들의 약점은 어느 한쪽으로 치우친다는 점입니다. 초월적이며 영적인 접근을 시도하는 이들 중에 어떤 이들은 자연적이며 일반 은총적인 영역을 무시하거나 아예 이해하려고 하지 않습니다. 반면에 일반적인 치료적 접근을 시도하는 이들 중에는 초자연적이며 영적인 치료적 접근을 무시하거나 아예 관심을 갖지 않는 이들도 있습니다. 최근에 한국 교회에 소개되고 있는 가계 치유적 접근은 대부분의 병리적 현상들이 가계에 흐르는 저주 때문에 일어난 것이라고 진단하고 치료를 시도합니다. 물론 나름대로는 타당성을 가지고 이론적인 근거도 있겠지만 어떤 한 틀을 가지고 치료적으로 적용하려고 시도할 때에는 많은 한계가 있음을 인식할 필요가 있습니다. 매우 복합적이며 역동적인 인간을 깊이 있게 이해하지 못한 채 어떤 한 치유 패러다임으로 현상을 해석해 낼 때 그것은 위험해질 수 있습니다. 가계 치유하는 분들에게 있어서 치유의 목표는 어떤 가정에 나타나는 병리적 현상의 원인 제공자인 마귀를 축출하여 그의 권세로부터

---

9) 이 글에서는 '치유'(healing)와 '치료'(therapy)를 구별하지 않고 사용할 것입니다.

놓임을 얻게 하는 것이라고 볼 수 있겠습니다. 여기서 기억할 것은 목회적 돌봄을 제공하는 목회자들이 치유적인 역할을 감당할 때 자신이 갖고 있는 인간 이해의 틀에 따라서 치유의 목표가 달라질 수 있다는 점입니다. 문제는 한국의 대부분의 목회자들이 인간의 다양한 국면과 다양한 병리적 원인과 증상들을 이해할 수 있는 상담 교육이나 임상 훈련을 받지 못한 채 '영혼의 의사'로서 활동하고 있다는 사실입니다.

본 글은 치유를 한 개인의 차원에만 국한시키지 않고 좀더 큰 시스템 속에서 치유를 이해하며, 그 이해 속에서 어떤 것들이 기독교적 치유의 목표들이 될 수 있을지를 살펴보는 데 그 목적이 있습니다.

1. 치유의 정의

래리 그래함(Larry Graham)은 치유란 "신체적인 전인성, 감정적인 건강성, 정신적인 기능성 그리고 영적인 활력성으로 회복되는 과정"이라고 정의하였습니다. 그는 "기독교적 치유의 형태는 항상 치유 과정에서 수반되는 영적 진보를 성취하는 데서 그 독특성을 드러내어 왔다. 치유는 또한 깨어진 인간 관계의 화해 과정과, 인종과 국가간의 정의로운 사회 질서와 정치 질서를 발달시키는 것을 의미하기도 한다. 최근에 치유와 전인성은 구원의 의미를 나타내는 메타포가 되어 왔다"라고 말하면서 치유의 범위를 개인을 넘어선 시스템에까지 확산시켜 설명하였습니다.[10] 특히 그는 최근의 그의 책을 통해

---

10) Larry Kent Graham, "Healing," *Dictionary of Pastoral Care and Counseling*, ed. Rodney J. Hunter (Nashville: Abingdon, 1990), p.497.

서 현대의 목회 상담 운동이 한 개인의 심리 내면적인 문제와 대인 관계적 문제에 초점을 맞추는 반면에 보다 큰 시스템들을 치유하는 것에는 관심을 갖지 못했다고 비평하면서 '심리 체계적 접근' (psychosystemic approach)을 제안하였습니다.[11]

치료자나 환자 혹은 내담자는 나름대로 치료의 목표들(goals)을 가지고 치료 과정에 임하게 됩니다. 치료 목표들이 불분명하면 방향 없이 달리는 것과 같습니다. 또한 그렇게 되면 내담자와 '치료적 관계'(therapeutic relationship)를 형성하기가 어렵습니다. 때로는 내담자가 원하는 치료의 목표들과 치료자가 생각하는 치료 목표들이 서로 맞지 않을 수도 있습니다. 치료 목표는 치료자가 견지하는 인간 이해 이론에 따라 각각 달라질 수 있으며 이 같은 것은 놀라운 일이 아닙니다. 예를 들면, 정신 분석학적 접근을 하는 상담자는 내담자가 그의 삶에서 과거 경험들의 역동성에 대한 통찰력과 이해 그리고 충동 조절 능력 및 자아 능력(ego strength)의 회복을 목표로 삼을 것입니다. 행동주의 심리학적 이해에 상담의 기초를 두는 상담자는 치료의 목표를 긍정적인 행동의 변화에 두고 치료할 것입니다. 인본주의 심리학에 이론적 근거를 두는 치료자는 내담자의 성장을 저해하는 걸림돌을 제거함으로써 내적인 잠재력을 극대화하는 것을 치료 목표로 삼고 노력할 것입니다. 따라서 세속적인 상담자가 설정하는 치유 목표는 목회 상담사 혹은 기독 상담사가 생각하는 치료 목표와 공통 부분도 있겠지만 차이점이 존재할 수밖에 없습니다.

신체 치료는 보통 의사들이 맡지만 정신 치료 혹은 마음 치료는 여러 전문가들이 자기들의 독특한 영역을 유지하면서 맡게 됩니다.

---

11) Larry Kent Graham, *Care of Persons, Care of Worlds: A Psychosystemic Approach to Pastoral Care and Counseling* (Nashville: Abingdon, 1992).

정신과 의사, 심리 치료사, 상담사, 심리사, 사회 복지사, 음악 치료사 등은 나름대로의 학문적 이론을 바탕으로 내담자들을 치료하려고 노력합니다. 개인적 차원에서 치유를 이해할 때 세속적 정신 건강 전문인들과 기독교적 혹은 목회적인 정신 건강 전문인들이 공유하는 치료 목표들에는 다음의 여러 가지가 해당됩니다: 사고의 건강성, 감정의 적절한 인식과 표현, 적절한 통제력의 행사, 대인 관계 능력, 긍정적인 행동, 결정할 수 있는 능력, 겉과 속의 일치, 의사 소통 능력, 전인성 회복과 성장.

치유는 건강성과 밀접한 관계가 있는데, 100%의 건강성을 유지하면서 살 수 있다는 것은 허상입니다. 인간의 원죄성과 더불어 질서가 무너진 환경 속에서 성장하는 인간은 완전하게 건강한 인격 형성이 되지 않습니다. 이 땅에는 신체적으로, 감정적으로, 대인 관계적으로, 정신적으로, 영적으로 완전한 건강성을 유지하며 살아가는 인간이 존재하지 않습니다. 또한 완벽하게 건강한 가정도, 사회도, 교회도, 국가도 존재하지 않습니다. 따라서 기독교적인 관점에서 볼 때 치유는 이 땅에서 어느 정도의 한계 안에서 '비교적 건강한' 인격과 시스템을 지향하여 '회복되어 가는 과정'(recovering process)으로 이해할 필요가 있습니다.

2. 초자연적 치유와 자연적 치유

하나님의 특별한 중재와 개입을 통하여 신체적 치료가 일어나는 것처럼, 말씀과 기도를 통하여 마음이 치유될 수도 있습니다. 그러나 하나님은 초자연적 치유에만 의존하도록 하시지 않고, 대부분의 경우에 자연적이며 일반 은총적인 치유를 허락하시며 지지하십니다. 때로는 인간과 가정, 사회 혹은 환경이 제한된 범위 안에서 자생력과 자정 능력을 발휘하는 경우도 있습니다. 예를 들면, 신체적인 경우에 몸 스스로가 외부에서 침투한 바이러스를 막아 내며 때로는 몸의 기능을 스스로 회복시키기도 합니다. 자연의 경우에서도 이 같은 자정력을 찾아볼 수 있습니다. 일반 의학을 통한 치유의 혜택을 우리가 누리듯이 정신 의학이나 심리학과 같은 학문을 통하여 마음을 치유해 갈 때, 이러한 일반 은총의 영역을 무시하지 않고 활용하는 태도가 필요합니다. 초자연적 치유와 일반 치유의 어느 한쪽만을 강조함으로써 극단을 달리게 될 때에는 위험에 빠질 수 있습니다. 신체의 질병에 대한 치료와 마찬가지로 마음의 치료에 대한 일반 은총적인 통찰력을 하나님은 허락하시고 사용하십니다.

  일반 은총의 영역에서 이해할 때 이 세상을 살아감에 있어서 '비교적 건강한' 인격이 형성된 사람들도 있고 그렇지 못한 사람들도 있습니다. 정신과에서는 인격 장애라는 틀로 병리적인 사람들을 진단하기도 하는데 100% 인격 장애가 일어난 사람은 없다고 표현할 수 있습니다. 인격에는 건강한 부분도 있고 병리적인 부분도 있습니다. 인격의 건강한 영역이 조금씩 조금씩 힘을 더 행사해 가면서 병리적인 부분을 밀어낼 때 그 인격은 그만큼 더 건강성을 회복하며 치유되어 가는 것입니다. 물론 이 과정에서 초자연적인 힘의 개입과 도움이 필요합니다. 하나님의 형상을 인간의 지, 정, 의라는 틀 속에서 이해할 때, 불신자들이라고 해서 이 기능이 완전히 무력화되어 있다고 볼 수 없습니다. 만약 그렇게 된다면 우리가 거하는 세상은 신자들이 살아가는 데 있어서 매우 불안한 환경이 될 것입니다. 불신자들이라고 할지라도 비교적 기본적인 인격적 기능들이 작동됨으로 인하여 공중 도덕도 지키고 타인에 대한 배려도 할 수 있어서 더불어 살아가는 데 나름대로의 질서가 유지되는 세상이 되는 것입니다. 불신자들 중에도 때로는 믿는 사람들보다 인격적으로 성숙한 사람들도 있음을 보게 됩니다. 반면에 신자들 중에도 심각한 인격 장애를 가지고 살아가는 사람들이 있습니다.

3. 치유의 목표에 대한 성경적·신학적 이해

치유를 개인적인 차원에서 이해할 때 가장 밀접한 신학적 주제가 있다면 그것은 하나님의 형상 회복일 것입니다. 하나님의 형상대로 지으심을 받은 인간은 아담의 죄로 인하여 전적으로 타락함으로써 자력으로 하나님과의 관계를 회복할 수 없는 존재가 되었습니다.[12] 하나님의 형상이 무엇이냐에 대해서는 신학자들마다 견해를 달리하지만 일반적으로 어느 한 가지를 지칭하기보다는 통합적으로 이해하는 것이 설득력 있는 견해로 받아들여집니다. 하나님의 형상으로서는 여러 가지를 말할 수 있는데, 인간의 사고 기능, 감정 기능, 의지 기능, 관계 능력, 대리성(agency), 창의성 등을 들 수 있습니다.

하나님의 형상을 인격과 연결시킬 때 치유의 목표는 인격적 성숙이 될 수 있을 것입니다. 참 하나님이시며 참 인간이셨던 예수 그리스도의 인격을 닮아 가는 자가 되도록 하는 것이 기독교적 치유의

---

12) 하나님의 형상의 훼파와 인간의 전적인 부패성이라고 할 때 이것을 인간의 기본적인 인격의 메커니즘까지 완전히 파괴되었다고 이해하기보다는 인간과 하나님 사이에서 인간 스스로의 힘으로는 도저히 하나님께 나아갈 수 없는 철저한 무능력함으로 이해하는 것이 바람직할 것입니다. 타락 후에도 자연계에서도 창조 때의 질서를 신실하게 유지하는 부분이 있음을 쉽게 알 수 있습니다. 그러나 하나님에 대한 신지식에 있어서는 인격 기능이 병리적으로 작용하고 있는 것이 자연인의 모습입니다: "하나님을 알되 하나님으로 영화롭게도 아니하며 감사치도 아니하고 오히려 그 생각이 허망하여지며 미련한 마음이 어두워졌나니 스스로 지혜있다 하나 우준하게 되어"(롬 1:21~22).

목표가 될 수 있습니다. 인격 형성기를 지난 청년 이상의 연령층의 내담자들이 인격 장애로부터 인격 성장과 발달을 시도하는 일은 장기적인 치유 과정과 노력을 필요로 합니다. 사고 기능에 있어서 합리적이며 이성적인 생각을 할 수 있으며, 피해 의식이나 망상을 갖지 않으며, 너무 지엽적인 것에 집착하는 사고로부터 벗어나게 되는 것은 인격 성장이 일어나고 있다는 증상입니다. 감정 기능에 있어서 하나님의 형상을 회복한다는 것은 감정 마비가 일어나지 않고, 감정을 지나치게 억압하거나 쉽사리 표현하지 않는 것을 의미합니다.

성경은 타락한 자연적 인간을 이해할 때 부정적인 태도를 취합니다. 또한 "의인은 없나니 하나도 없으며"(롬 3:10)라고 선언하며 모든 인류가 다 죄로 인하여 심판을 받을 수밖에 없는 존재라고 말씀합니다. 존재론적으로 인간은 자력으로는 하나님께 나아갈 수 있는 관계 능력이 없는 존재이며, 따라서 구원이 필요한 존재입니다. 두 번째 아담으로 오신 예수 그리스도는 그의 십자가 사건을 통하여 하나님과 인간 사이의 막혔던 담을 허시고 수직적인 관계를 회복시키시며 구원의 길을 열어 놓으셨으며, 하나님과 그리스도의 구속 사역을 믿음으로 받아들인 인간에게 화해와 치유적 역사를 이루어 놓으셨습니다. 이런 점에서 볼 때 구원은 죄와 밀접한 관계가 있으며, 또한 치유와도 밀접한 관계를 맺고 있음을 알 수 있습니다. 또한 그리스도께서 하나님과의 수직적인 관계 문제를 해결해 주시면서 인간과 인간 사이의 막혔던 담을 헐어 내며 유대인과 이방인 사이의 담을, 남자와 여자 사이의 담을 헐어 내는 치유적 역사를 이루셨습니다(갈 3:28~29 참조). 따라서 우리의 죄는 회개와 예수 그리스도를 통한 하나님의 용서와 화해를 통해서 구원과 치유로 이어질 수 있게 되었습니다.

죄는 인간에게 부여된 하나님의 형상만 훼파시킨 것이 아니라 피조물에게까지 악영향을 끼쳤습니다. "땅은 너로 말미암아 저주를 받고"(창 3:17), "땅이 네게 가시덤불과 엉겅퀴를 낼 것이라"(창 3:18)는 말씀뿐만 아니라 구약을 통해서 볼 때 이스라엘 공동체가 죄를 범할 때 땅은 자주 가뭄을 겪게 되었고, 온갖 재해를 증상으로 드러낸 것을 알 수 있습니다. 바울은 로마서에서 "피조물이 다 이제까지 함께 탄식하며 함께 고통을 겪고 있는 것을 우리가 아느니라" (롬 8:22)라고 말씀함으로써 아담의 범죄가 개인적 차원과 인류적 차원을 넘어서 우주적 차원까지 영향을 끼쳤음을 말하고 있습니다. 따라서 치유를 좀더 넓은 틀 속에서 이해하려면 하나님의 형상이라는 틀을 넘어서서 '하나님의 나라' 혹은 '창조와 새 창조'라는 신학적 이해 속에서 이해할 필요가 있다고 지적하고 싶습니다. 예수님은 하나님의 나라 도래를 알리는 표식으로서 많은 병자들을 고치시며 귀신들을 쫓아내는 치유 사역을 행하셨습니다. 그는 또한 "포로 된 자에게 자유를, 눈먼 자에게 다시 보게 함을 전파하며 눌린 자를 자유롭게 하고 주의 은혜의 해를 전파"(눅 4:18~19)하기 위한 자신의 치유적 사명을 인식하고 사역하셨습니다.

　인간의 원죄성이라는 측면에서 접근할 때 모든 인류는 구원과 치유를 필요로 합니다. 넓은 의미에서 표현할 때 죄가 이 땅에 들어오면서 인간은 죽음과 질병을 경험하는 존재가 되고 말았습니다. 물론 구약에서 신체적인 질병이나 마음의 병이 하나님의 징벌이라고 표현된 부분들도 있지만 항상 그런 것이 아니었음을 욥기에서 우리는 찾아볼 수 있습니다. 욥은 죄와는 관계 없이 사탄의 개입으로 신체적으로 심각한 병까지 경험해야 했습니다. 신약에서 예수님은 나면서부터 소경 된 자에 대하여 그것이 "그 아비의 죄 때문입니까? 아니면 자신의 죄 때문입니까?"라고 묻는 제자들에게, 그 어느 것도 아니며 "하나님의 영광을 드러내기 위한 것"이라고 답변하심으로써 병리성과 자범죄가 항상 연결되는 것이 아님을 보여 주셨습니다. 또한 바울의 경우에도 그 자신의 육체에 연약한 것이 있어서 하나님께 세 번이나 간구했지만 그 육체적 가시로부터 치유되지 못했습니다. 오히려 그는 "내 은혜가 네게 족하도다 이는 내 능력이 약한 데서 온전하여짐이라"(고후 12:9)라는 치유적인 응답을 듣고 살아갔습니다. 따라서 치유 과정에 있어서 목회 치료사는 내담자의 병리성 속에서 죄를 드러내어 주며 고백하게 하여 하나님과 이웃 그리고 자신과의 관계에서 용서함을 경험하게 하는 것을 주요한 목표로 삼아야 합니다. 그러나 내담자의 문제점들을 항상 죄라는 틀 속에서 이끌어 가게 되면 한계가 모호해지며 개인적 죄와 공동체적 죄 그리고 사회악, 구조악, 사탄의 역사 부분에 대해서 구체적으로 다루기가 힘들며 원론적인 치유책만을 제시할 가능성이 높아집니다. 명심할 점은 내담자들 중에는 반드시 느껴야 할 죄책감을 느끼지 못하는 이들도 있지만, 신경증적으로 죄책감을 느낌으로써 병리적인 삶을 살아가는 이들도 있다는 점입니다. 이들에게는 죄에 대한 지적이 오히려 신경증적인 죄책감을 강화시켜서 더 병리적으로 나아가게 되어 치유가 오히려 어려워질 수 있다는 점을 기억해야 할 것입니다.

 죄의 회개는 치유 과정에 있어서 종종 필수적입니다. 자신의 삶에서 책임 지지 않고 타인에게 그 책임을 투사했던 부분들에 대하여 인식하고, "언어로 표현해 내고" 혹은 구체적으로 용서를 구하고, 용서 받음을 경험하는 것은 상담의 과정과도 유사합니다. 죄책감을 느끼는 부분이 어떤 부분인지를 발견하고(dis-cover), 고백하고(confess), 회복하는(re-cover) 과정은 '언어를 통한 치료'(talking cure)라고 표현하기도 하는 상담 혹은 심리 치료 과정과도 공통점이 있습니다. 회개는 가장 훌륭한 상담자인 성령 하나님 앞에서 자신의 죄를 인정하고 드러내며 용서함 받는 치료적 과정이라고 표현할 수 있겠습니다.

 치료의 목표는 개인적인 필요에 따라 진단되고 처방되어야 합니다. 궁극적으로는 하나님의 형상 회복이라는 큰 목표를 지향하지만, 개인적인 취약성에 가장 초점을 맞추는 것이 필요하겠습니다. 크리스찬도 경험하게 되는 심리 내면적인 문제점들은 다음과 같이 다양한 증상들로 표출될 수 있습니다: 불안감, 공포, 열등 의식, 긴장, 분노, 우울증, 조울증, 율법주의, 불신감, 자기 중심성, 죄책감, 정죄감, 신경증, 정신 분열증, 고독감, 정신 산만, 강박증, 공황감, 완벽주의, 비현실적인 공상이나 망상, 피해 의식, 자아 상실, 대인 관계에서 소외 및 후퇴, 일상 생활을 영위하기가 어려움, 그리고 부부 갈등. 이와 같은 다양한 양상의 증상으로부터 보다 자유로워짐으로써 "회복되어 가는 하나님의 형상"을 기반으로 하여 "마음을 다하고 성품을 다하고 뜻을 다하고 힘을 다하여 하나님을 사랑하라 그리고 네 이웃을 네 몸과 같이 사랑하라"는 율법과 선지자들의 핵심적 정신을 성취하도록 하는 것이 개인적 차원에서 치유의 중요한 목표가 될 것입니다.

 하나님의 형상보다 넓게 적용력을 지니면서 개인적 치유와 대인 관계 치유, 영적 치유, 자연계의 치유를 포함할 수 있는 신학적 주제는 '희년'과 '샬롬'입니다. 억압과 매임으로부터 놓임을 얻으며 자유를 얻는 희년은 샬롬으로의 초대입니다. 개인적 차원에서 희년은 중독, 강박성, 완벽주의, 과거의 상처, 죄책감으로부터 자유롭게 되는 것을 의미합니다. 대인 관계면에서 희년은 동반 의존성(codependency), 소외, 공격성, 보복심으로부터 자유케 되는 것을 내포합니다. 하나님과의 관계에서 희년은 죄의 속박, 율법주의, 죄책감, 두려움으로부터 자유케 되어 양자의 관계로 회복되는 것입니다. 환경적 치유는 가계의 악습과 전통, 이방적 문화의 전통, 국가간의 반목과 통제로부터 자유롭게 되어 샬롬의 환경을 조성하는 것입니다. 그리하여 "하나님의 뜻이 하늘에서 이루어지는 것같이 우리가 살고 있는 이 땅에서도 이루어지는" 삶으로 인도하게 될 때 보다 넓은 범위의 치유 목표를 성취할 수 있게 될 것입니다.

이 땅에서의 치유와 회복은 하나님 나라의 속성과 맞물려 있습니다. 만물을 새롭게 회복시키는 그리스도의 구원 사역과 하나님의 통치가 "이미, 그러나 아직 아니"(already but not yet)의 틀 속에서 이해될 수 있듯이, 치유와 회복도 현재성과 미래성의 긴장 속에서 이해되어야 합니다. 현재의 삶 속에서 이미 치유와 회복을 경험하고 있지만, 완전한 치유와 회복은 여전히 대망해야 하는 것으로 남아있습니다. 개인적 차원에서의 치유의 목표를 하나님의 형상의 회복이라고 볼 때, 하나님의 형상의 회복 역시 완전히 이루어지지 못한 한계점을 가진 존재로서 인간을 이해할 필요가 있겠습니다.

4. 심리 체계적인 치유와 회복을 지향하며

20세기에 들어와서 발달하게 된 정신 의학, 심리학 그리고 상담학은 개인 치료의 가능성과 아울러 한계점을 인식하게 되면서 1950년대 중반부터 가족 치료적인 접근을 아울러 시도하였습니다. 한 개인의 심리 내면적인 치유뿐만 아니라 한 개인이 속한 가족 전체에게 치유가 필요하다는 점을 인식하게 된 것입니다. 가족 치료에서 유용하게 사용되는 체계론적인 접근은 개인을 넘어서는 여러 체계 환경들과의 역동적인 관계를 이해하게 했고, 좀더 총체적인 치유의 접근을 가능하게 하는 문을 열어 놓았습니다.

개인의 심리 내면적인 치유 과정에서 미처 발달되지 못하고 성장하지 못한 인격을 발달시키는 것은 크리스찬의 성화 과정에서 필수적인 것입니다. 사고 기능에 있어서 보다 이성적이고 합리적이며 또한 인간 사고의 한계를 인식하고 인정할 줄 알며, 겸손하고 하나님과 교류할 수 있는 건강성을 회복시키는 것이 치유 과정의 한 목표가 될 수 있습니다. 인격 치유의 한 목표는 건강한 감정 작용이 일어나도록 도움으로써 감정을 느낄 수 있고 적절하게 조절하며 표현할 수 있도록 돕는 데 있습니다.

  또한 병리적인 감정이 삶을 통제하지 못하도록 돕는 것도 치유의 한 부분입니다. 의지 기능에서 삶의 주권력을 회복시키며, 충동과 욕구를 조절하며, 의도하는 것을 적절하게 실천할 수 있도록 돕는 것도 중요한 치유 과정입니다. 특히 개인이 가지는 힘(power)의 상반된 두 가지 축을 형성하는 수용력(receptive power)과 행사력 혹은 작위력(agential power)이 균형 있게 발달되며 행사되도록 돕는 것이 매우 중요합니다.[13] 건강한 대인 관계를 맺음으로써 이웃과 상호 의존적이면서도 자신의 독립성을 유지할 수 있으며 "이웃을 네 몸과 같이 사랑하라"고 하신 말씀을 실천해 낼 수 있는 인간 관계 능력을 증진시켜야 합니다. 관계에 있어서 분열성(schizoid), 회피성(avoidant), 의존성(dependent), 수동—공격성(passive-aggressive), 연극성(histrionic), 경계선(borderline) 혹은 반사회성(anti-social) 인격 장애 증상을 드러내지 않도록 하는 것이 중요한 치유 목표 중

---

13) 수용력이 너무 크면 받아들이지 말아야 할 것까지 여과 없이 수용해 버리게 되고, 수용력이 너무 작으면 외부로부터의 긍정적인 피드백이나 좋은 영향까지도 수용할 수 없게 되어 성장하지 못하는 인격이 됩니다. 역으로 행사력이 너무 크면 주변 사람들과 환경들을 억압할 수 있는 가능성이 높아지고, 행사력이 너무 작으면 주변에 순응해 버리며 자신을 적절하게 표현하지 못하고 자신을 억압할 가능성이 높아집니다.

의 하나입니다.[14]

여러 가지 원인으로 인하여 인격의 장애가 발생하게 될 때 병리적인 증상들이 나타나게 됩니다. 이 증상들은 인격의 기능들이 어느 부분에서 취약하다는 것을 나타내며, 인격의 어느 기능이 취약하게 될수록 사탄의 공격에 취약해진다고 말할 수 있습니다. 모든 크리스찬들은 사탄의 공격으로부터 완전히 자유롭고 면제받은 존재가 아니며 여전히 매일의 삶 속에서 "시험에 들지 않게 하옵시며 다만 악에서 구하옵소서"라고 기도해야 하는 존재입니다. 인격 기능의 한 기능인 통제력을 마귀에게 빼앗긴 사람들에 대해서는 축사의 과정이나 안수 기도가 필요하며, 아울러 인격 장애로부터 회복될 수 있는 장기적인 심리 치료 과정이 필요합니다.

개인을 둘러싸고 있는 여러 시스템들이 좀더 건강한 시스템이 되도록 변화시키는 것도 치유의 중요한 목표 중 하나입니다. 역기능적인 가족 시스템, 교회 시스템, 사회 시스템 혹은 국가 시스템은 그 속에 살고 있는 개인들에게 악영향력을 행사함으로써 개인의 치유를 저해하는 역할을 할 수 있습니다. 예를 들어, 매맞는 아내를 상담하는 경우에 개인적인 차원에서의 회복뿐만 아니라, 폭력을 행사하는 남편에게 치유적인 시도를 하며, 필요하다면 그에게 법적인 제재 조치도 아울러 강구할 수 있는 가정 폭력 방지법을 제정하는 것도 시스템적인 치유 방법의 하나입니다. 교회는 확대 가족 시스템으로 이해할 수 있는데, 교회가 역기능적이 될 때 그 속에 있는 성도들의 치유가 개별적인 차원에 머무르게 되면 그 치유는 한계성을 지닐 수

---

14) 인격 장애의 세부적 특성에 대해서는 인격 장애를 사랑의 속성과 반대되는 개념으로 이해한 필자의 논문을 참조하기 바랍니다. 이관직, "고전 13:4~7에 나타난 사랑의 속성과 인격 장애의 관계성", 신학지남(1999년 봄호, 제 258호), pp.231-259.

밖에 없습니다. 직장과 사회 전반에 거짓과 위장이 특징인 역기능적인 증상들이 만연할 때 그 속에 소속되어 살아가야 하는 내담자의 개인적인 파워가 거대 조직의 파워 속에 함몰될 위험이 매우 높으며, 따라서 목회자들과 목회 상담사들은 이 같은 사회 부조리와 구조적 악에 대하여 선지자적인 소리를 발하며, 사랑과 더불어 정의가 실현될 수 있도록 연대적 힘을 형성하여 노력해야 할 것입니다. 특히 한국의 상황에서 사회와 국가 시스템이 지역 감정과 남북의 대치 상태라는 난제를 해결해 나갈 수 있도록 교회 공동체가 감당해야 할 사명이 큽니다. 안타까운 사실은 교계에까지 지역 감정이 치유되지 않은 채 여전히 역기능적 증상으로 남아 있는데, 이것은 한국 교회가 풀어 나가야 할 숙제이기도 합니다.

개인과 인간 관계, 교회, 사회, 국가, 환경 그리고 하나님과의 관계에서 사랑과 정의가 어느 한 쪽으로 치우치지 않고 조화와 균형을 이루며 드러날 수 있도록, 아직은 완전히 치유되고 회복되지 않았지만, 이미 치유와 회복의 과정 속에서 크리스찬들이 하나님의 뜻을 이 땅 위에서 구현하며 살아가는 사람들이 되도록 온전하게 세워 가는 것이 이 땅에서 사역하는 치유자들에게 주어진 과제입니다. "갇힌 자를 자유케 하며 눈먼 자를 보게 하며 억눌린 자를 해방시키는" 희년의 정신이 우리들의 삶의 모든 영역에 스며들어 건강한 변화와 성장 그리고 진정한 자유함을 경험할 때 하나님의 뜻이 우리의 삶 속에서 샬롬의 모습으로 이루어질 것입니다. 치유되어 가는 인격 속에서 성령의 아홉 가지 열매가 하나둘씩 맺혀질 수 있음을 인식하고, 먼저 치유자들부터 치유되어 가며, 또한 개인과 가정, 교회, 사회 그리고 국가가 치유되어 가는 역사가 이 땅에서 지속적으로 일어날 수 있도록 함께 노력해야 할 것입니다.

4장

어린이의 인격 발달과 교사의 역할

내가 날 때부터 주께 맡긴 바 되었고 모태에서 나올 때부터
주는 나의 하나님이 되셨나이다(시 22:10).

아무리 좋은 교육 방법들을 동원하여 능력 있는 복음인 하나님의 말씀을 가르친다고 할지라도 막상 교육의 대상에 대한 선이해가 없을 때에는 마치 길가에 떨어진 씨앗이나 돌밭 또는 가시덤불밭에 떨어진 씨앗과 같이 될 가능성이 높습니다. 좋은 밭에 떨어진 씨앗처럼 자라나서 30배, 60배 혹은 100배의 결실이 있기를 바라는 것은 눈물을 흘리며 씨를 뿌리며, 물을 주며, 거름을 주는 농부나 정원사와 같은 기능을 담당하는 교육자(educator)의 역할과 삶을 감당하는 교회 학교 교사들의 한결같은 마음일 것이라고 생각합니다. 이 장에서는 교회 학교 학생들이 처해 있는 인생의 단계에 대한 이해를 도모함으로써 교회 학교 교사들이 그들을 보다 효과적으로 복음으로 교육하며 또한 그들이 전인격적으로 성장해 가는 데 일익을 감당할 수 있도록 돕고자 합니다.

인간은 이 땅에 태어나서 죽는 날까지 알게 모르게 계속 성장하게 됩니다. 물론 신체적인 성장은 일정한 시기가 되면 멈추지만, 인간의 내면에서는 계속 성장이 일어나게 됩니다. 물론 어떤 사람들에게 있어서는 그 성장이 일정한 기간 동안 정지되기도 하며 때로는 퇴행하기도 합니다.

1. 어린이의 인격 발달

인격(Personality)은 때때로 '성격', '품성' 또는 '인성' 등으로 불리워지기도 하는 것으로, 어떤 사람이 자기 자신과 타인 또는 환경과 관계하며 인식하는 복합적이면서도 역동적이며, 가변적이면서도 지속적이며, 독특하면서도 공통적인 성질 및 유형이라고 정의해 볼 수 있겠습니다. 가변적이라고 함은 변화할 수 있으며 발달해 가는 부분이라는 의미이며, 그것은 건강성과 비건강성 또는 정상성과 비정상성의 가능성을 내포하고 있습니다. 가변성을 가진 인격은 많은 경우에 환경의 영향으로 이루어지게 됩니다. 지속적이라고 함은 어느 정도 유형을 갖추게 되며 또한 부모로부터 유전적으로 물려받는 성격을 의미합니다. 인격의 독특성은 각 사람 나름대로 독특한 사고와 인식 그리고 행동을 전제로 하며, 인격의 공통성은 어느 정도 비슷한, 공통적인 유형들이 존재함을 의미합니다. 이 같은 인격은 다양한 요소들이 어우러져서 형성되는, 복합적인 동시에 역동적인 실재를 의미합니다. 신학적으로 말하자면 인격은 하나님의 형상과 매우 밀접한 관계를 맺고 있다고 할 수 있습니다.

학자들은 세계 역사에 있어서 어린이에 대하여 보다 세심한 관심을 갖게 된 것은 그리 오래되지 않았다고 봅니다. 중세 시대가 끝날 무렵인 17세기 말에 이르기까지 어린이들은 단지 어른의 축소판에 지나지 않았습니다. 우리가 잘 알듯이 구약 시대와 신약 시대에서 어린이들은 여자들과 마찬가지로 사람을 계수할 때 포함되지도 않았습니다. 그러나 영국에서는 존 로크, 프랑스에서는 루소와 같은 철학자들이 어린이에 대한 그들의 견해를 표명하면서부터 어린이의 교육에 대해 관심을 갖게 되었으며, 18세기에 들어서면서 이 같은 어린이들에 대한 시각의 변화는 의복의 변화에서 일어났다고 프랑스의 역사학자 P. Aries는 보았습니다. 그 이전까지는 아기의 티만 벗으면 어린이들에게, 크기만 작았지 어른과 같은 복장으로 옷을 지어 입혔던 것입니다. 오늘날에 있어서 아동복이 어른들의 옷 스타일과는 다른 모습을 취하고 있음은 우리가 다 아는 사실입니다. 20세기에 들어서면서 심리학의 발달과 더불어 심리학자들 사이에 유년기의 삶의 중요성에 대한 연구가 이루어졌고, '아동 심리학'이란 학문이 등장하였으며, '발달 심리학'이라는 학문도 발전하게 되었습니다.

앞에서 지적한 바와 같이, 구약 시대와 신약 시대에는 유년 시절의 중요성과 어린이의 개체적인 인격성에 대한 존중심이 비교적 약했다고 볼 수 있습니다. 물론 신앙적으로 자녀들을 어떻게 양육해야 할 것인가에 대한 성경 말씀이 여러 부분에서 등장하고 있으며(특히 신명기와 잠언서에서), 특히 "토라"가 유대인들의 자녀 교육 방식에 많은 영향을 끼쳤음은 부인할 수 없습니다. 그러나 예수님 당시에도 어린이의 존재는 여전히 어른들의 눈에는 미약한 존재에 불과했으며, 따라서 공관 복음에서도 회집된 사람들의 숫자를 언급할 때 남자 어른들의 숫자만 기록되었습니다(막 6:44 참조). 예수님의 만져 주심을 바라고 부모들이 어린아이들을 데리고 왔을 때 제자들이 그들을 꾸짖는 것을 보신 예수님은 분노하시며 "어린아이들이 내게 오는 것을 용납하고 금하지 말라 하나님의 나라가 이런 자의 것이니라"고 말씀하셨습니다. 예수님은 그 당시의 일반인들과는 달리 어린이들에 대해 지대한 관심을 가지고 계셨던 것입니다(막 10:13~14 참조). 다른 복음서 기자들과는 달리 누가가 예수님과 세례 요한의 성장 과정에 대하여 간략히 언급하고 있음은 주목할 만합니다: "예수는 지혜와 키가 자라가며 하나님과 사람에게 더욱 사랑스러워 가시더라"(눅 2:52); "아이가 자라며 심령이 강하여지며 이스라엘에게 나타나는 날까지 빈 들에 있으니라"(눅 1:80).

인간의 삶을 크게 분류할 때, 인간은 보통 영아기를 거쳐 유아기, 유년기, 청소년기, 청년기, 장년기 그리고 노년기를 거쳐서 인생을 마감합니다. 이 같은 인생의 여정에서 인격의 형성은 유전적인 요인들 외에도 많은 환경적인 요소들에 의하여 영향을 받게 됩니다. 인격 형성에 대한 환경적인 요인들의 중요성을 인식하게 된 것은 발달 심리학이 기여한 점이라고 볼 수 있습니다.

　인격 발달에 있어서 환경적 영향들을 살펴보면 먼저 개인적인 환경으로서는 성장기의 의식주 환경, 부모와의 관계, 태어난 지역과 성장했던 거주 지역의 환경, 성의 차이 그리고 건강 상태 등을 지적할 수 있겠습니다. 가족적인 환경으로는 부모의 자존감, 부모의 자녀 양육 방법, 경제적 환경, 형제 자매들의 숫자 및 성격, 출생 순서, 가정의 건강도 그리고 친척들과의 관계가 포함될 수 있습니다. 사회적 환경을 지적한다면 친구들과의 관계, 학교 선생님과의 관계, 일반 교육, 도덕, 사회 질서, 사회 병리, 문화적 배경, 전쟁, 기아 등이 어린이의 인격 형성에 환경적인 요인으로서 영향을 끼치게 됩니다. 신앙적인 환경으로는 가정의 신앙적 배경, 교회 학교 교사와의 관계, 신앙적 동료들과의 관계, 교회의 신학적인 분위기 등을 지적할 수 있겠습니다. 이와같이 유전적인 요인 이외에 수많은 환경적인 요인들의 영향을 받으며 또한 환경과 더불어 싸워 나가면서 인격이 형성됩니다. 이 같은 많은 환경적 요인들 가운데서 어린이들의 인격 형성에 교회 학교 교사들이 관계적인 면에서 또한 신앙적인 면에서 상당히 중요한 부분을 차지하고 있음을 인식할 필요가 있습니다.

　어린이의 인격은 자신에 대한 관점과 타인에 대한 관점을 통하여 형성됩니다. 발달 초기에 있어서 어린이들은 자기 중심적이며 자기애적인(narcissistic) 관점을 갖고 있습니다. 사물들을 인식하게 되면 자기가 중심이 될 때가 많습니다. 이 시기에는 특히 부모로부터 관심과 사랑을 받으면서 자기애적 자아감을 만족시키게 되는데, 아이가 점점 성장하면서 서서히 자기애적 자아감에서 벗어나며, 남의 존재를 인식하고, 세상을 보다 객관적으로 인식하게 되며, 보다 건전한 인격을 형성하게 됩니다. 그러나 유아기적인 자기애적 자아감에 계속 머물러 있는 상태에서 성인이 될 때 자기애적 인격 장애(narcissistic personality disorder)를 갖게 될 가능성이 높아지게 됩니다. 또한 유아기와 유년기에 어느 정도의 자기애적 자아감을 경험하지 못하게 되면 외적으로는 성장함에도 불구하고 결핍되었던 자기애적 자아감을 충족시키기 위하여 계속 어떤 대상을 추구하게 되는 비정상성을 또한 경험하게 될 가능성이 있습니다.

2. 에릭슨의 인격 발달 이론

대표적인 발달 심리학자 중의 하나인 에릭 에릭슨(Erik Erikson)은 인간의 발달 단계를 크게 여덟 단계로 구분합니다. 첫번째 단계는 신뢰감을 구축하는 단계인데, 출생 후부터 만 1살 정도까지가 여기에 해당됩니다. 수유기에 있는 영아는 품어 주는 환경(holding environment) 속에서 자신을 양육하는 아버지와 어머니, 특히 충분히 좋은 엄마(good enough mother)와 신뢰할 수 있는 관계를 형성하는 것이 중요합니다. 영아가 외부 환경과 의미 있는 외부 대상(external object)과 신뢰감을 형성하려면 일관성이 있고 지속적인 관심과 돌봄 그리고 공감적인 반응이 필요합니다. 영아가 심리적으로 발달하는 데 완벽한 환경을 제공하지 않더라도 비교적 괜찮은 환경이 제공될 때 아기는 외부 환경에 대해서 신뢰감을 형성할 수 있는 능력을 갖추게 됩니다. 물론 이 같은 신뢰감은 영아뿐만 아니라 인격이 발달하는 데 지속적으로 필요한 심리적 과제입니다. 신뢰감이 채 형성되지 않은 영아는 상대적으로 양육자와 외부 환경인 세상에 대해서 불신감을 갖게 되며, 더 나아가 자신에 대한 신뢰감을 갖기가 힘들어집니다. 그렇게 되면 자신감이 없는 아이가 되며, 삶에서 다른 사람들과의 대인 관계에 있어서 타인을 신뢰할 수 있는 능력을 갖지 못한 편집성(paranoid) 인격 장애를 형성할 가능성이 높아집니다. 따라서 불신감을 가지고 있는 아이는 의심이 많고 타인들을 두려워하며 쉽게 상처를 받거나 오히려 타인을 공격할 수도 있습니다. 더 나아가, 보이는 사람들과 세상에 대한 신뢰감을 갖지 못한 사람이 하나님에 대한 견고한 신앙을 형성하기가 어렵다는 것은 쉽게 짐작할 수 있을 것입니다. 신뢰감은 인격의 기초와 같은 것이므로 이 심리적 과제가 견고하게 형성되지 않으면 다른 심리적인 과제들을 제대로 형성하기가 쉽지 않게 되며, 마치 모래 위에 세운 집처럼 될 가능성이 높습니다. 교사들은 가르치는 아이의 마음속에 자신과 타인 그리고 하나님에 대한 신뢰감의 수준이 어느 정도인지를 잘 파악하고, 불신감이 강한 아이들에게는 지속적이며 일관성 있는 좋은 대상(good object)으로 관계해 줌으로써 아이의 신뢰할 수 있는 능력을 증가시켜 주어야 할 것입니다.

자율성(autonomy)이 특징적인 두번째 단계는 만 2~3세까지의 시기에 해당되는 단계입니다. 외부 환경과 어느 정도 신뢰감을 형성한 아기는 점차 스스로 행동하며 성취해 보려는 시도를 하게 됩니다. 누워 있던 아기가 기어 다니며 설 수 있게 되고 걸을 수 있게 될 때 점차 의존적인 상태에서 독립적인 상태로 옮겨 가게 됩니다. 이때 아이는 점차적으로 스스로 해보려는 노력을 하게 됩니다. 엄마가 먹여 주던 우유병을 자기 손으로 잡고 먹으려 하고, 이유기가 되면 숟가락을 스스로 사용하려고 하며, 스스로 속옷을 입어 보려고 하는 등 자율적인 행동을 시도합니다. 여전히 의존적이면서도 점차적으로 독립적이 되는 것은 한 인격이 발달하는 데 있어서 매우 중요한 심리적 과제입니다. 아이의 심리적 상태를 이해하는 부모는 아이의 자율적인 행동을 격려하고 칭찬함으로써 아이의 자율성을 발달시켜

줍니다. 반면에 그렇지 못한 부모는 아이의 자율적인 행동을 제지하고 아이를 여전히 의존적인 상태에 머물러 있게 함으로써 자율성 대신에 타율성과 의존성을 발달시키게 됩니다. 에릭슨은, 자율성이 격려되지 않을 때 아이는 수치감을 경험하게 된다고 보았습니다. 교회학교 교사들은 자신이 가르치는 학생들의 자율성 발달 여부와 그 수준을 잘 진단하여, 도울 수 있을 때 그들의 인격 발달을 촉진시켜야 할 것입니다.

세번째 단계는 솔선성(initiative)을 발달시키는 단계입니다. 유치원 시기까지 해당된다고 볼 수 있는데, 아이는 점차적으로 외부 환경에 대한 흥미와 호기심을 갖게 되며, 경험해 보지 못한 것을 시도해 보고자 모험하는 모습을 보입니다. 활동 반경이 점차적으로 넓어지며 호기심을 갖는 놀이나 활동 혹은 대상을 가지고 여러 가지 시도들을 합니다. 이때 여러 번 시행 착오를 겪기도 하고, 때로 위험한 행동을 하기도 합니다. 부모가 안전한 울타리를 치고 그 범위 내에서는 마음껏 새로운 행동과 모험을 할 수 있도록 허용해 줄 때 아이는 창의적이 될 수 있으며, 삶의 새로운 변화에도 큰 두려움이 없이 모험하며 대응할 수 있는 능력을 갖추게 됩니다. 역으로 위험하다고 해서 아이의 흥미와 호기심 어린 행동을 일일이 제지하거나 좌절시키거나 처벌할 때 아이는 죄책감을 느끼게 된다고 에릭슨은 지적하였습니다. 솔선성의 관점에서 교사는 아이들의 호기심 어린 질문들과 행동들을 이해하고 격려하며 수용하는 포용력을 갖추고 있어야 합니다. 교사가 볼 때 아이들의 행동이 유치하다거나 자신의 통제력을 벗어나려고 시도하는 것으로 판단하여 아이들을 엄격하게 통제하거나 무시하거나 처벌하게 되면 순응적인 아이를 만들어 낼 수 있습니다. 또한 사고나 행동이 유연하고 융통성이 있는 인격을 형성하기보다는 경직된 인격, 변화를 두려워하며 수구적인 인격을 가진 장애적인 인간으로 성장하게 될 수 있습니다.

　초등 학교 연령층의 어린이들이 경험해야 하는 주요한 과제는 근면성(industry)이라고 지적합니다. 이 과제가 제대로 성취되지 않을 때 아이는 열등 의식(inferiority)을 갖게 된다고 봅니다. 특히 유년기에 있어서 어린이들은 작은 일이라 할지라도 무엇인가 자기 스스로 성취하며 해결해 나가는 과정에서 그들을 양육하는 부모나 선생님으로부터 인정을 받게 될 때 자신감(confidence)과 건전한 자기 존중감(self-esteem)과 능력감(competence)을 갖게 되는 것입니다. 이러한 자신감과 능력감의 바탕 위에서 한 인간으로서 이 세상을 살아갈 준비를 갖추어 가는 것입니다. 근면성을 이해하는 교사는 아이의 마음에 삶의 의미와 하나님으로부터의 소명 의식을 심어 주며, 부지런함의 가치와 게으름의 죄성을 깨우쳐 주어야 합니다. 열심을 품고 하나님을 섬기며 공부를 할 때에나 일상적인 삶에서 열심히 살아가도록 격려해 줄 필요가 있습니다. 교사는 아이들에게 열심히 노력함으로 얻어지는 결과에서 기쁨을 얻게 하며, 불로 소득을 기대하거나 요행을 기대하는 것은 하나님의 뜻이 아님을 교육할 필요가 있습니다. 교사는 어린이들에게 "하나님은 업신여김을 받지 아니하시나니 사람이 무엇으로 심든지 그대로 거두게"(갈 6:7 참조) 하시는 분임을 알려 주어야 합니다. 또한 일의 성취와 자신을 완전히 동일시하지 않도록 하며, 휴식할 수 있으며 즐겁게 놀 수 있는 능력을 가진 아이로 성장하도록 도울 필요가 있습니다. 혹시라도 공부를 못함으로 학교 생활에서 인정받지 못하는 아이가 있을 때에는 교회 생활에서 조금이라도 잘하는 부분이 있을 때 칭찬을 아끼지 않고 격려해 줌으로써 아이가 노력하고자 하는 의욕을 가질 수 있도록 도울 수 있을 것입니다.

　다섯 번째 단계는 청소년기에 해당되는데, 정체성(identity) 형성이 주요한 심리적 과제라고 보았습니다. 한국의 청소년들의 경우에는 대학 입시 중심의 교육 환경으로 인하여 근면성의 과제가 청소년기까지 연장됨으로써 정체성을 형성하는 시기가 늦추어지고 대학생 시기부터 시작되는 것으로 볼 수 있습니다. 자신에 대해서 긍정적인 자아상을 형성하며 자기가 누구인지에 대해서 고민하며 자신의 장점들과 단점들을 비교적 정확하게 인식할 수 있는 것은 중요한 심리적 과제가 아닐 수 없습니다. 자기 정체성이 불명확하게 될 때 타인을 이해하며 수용할 수 있는 힘도 약해지고, 대인 관계에서도 어려움을 겪게 됩니다. 이 시기에 일부 청소년들과 청년들은 정신 분열증(schizophrenia)에 걸릴 수 있는 취약성(vulnerability)이 높아지는데 이는 정체성의 형성 여부와 맞물려 있습니다. 정체성 형성이 잘 되지 않으면 정체성의 혼란(identity confusion)의 상태에서 삶을 살게 되고, 그런 점에서 취약한 청소년이나 청년들이 환경적인 스트레스를 많이 받게 될 때 정신 분열증을 일으킬 수 있음을 교사들은 인식해야 합니다. 마지막으로, 에릭슨은 청년기에는 친밀감(intimacy) 대 외로움(loneliness), 청장년기에는 생산성(generativity) 대 권태 및 정체(stagnation), 그리고 노년기에는 품위(integrity) 대 절망(despair)으로 특징 지어지는 심리적 과제가 있다고 보았습니다. 이 여덟 가지의 심리적 과제들은 연령에 따라 성취되어야 할 것이지만 성인의 삶의 어느 단계에서든지 필요한 과제가 아닐 수 없습니다. 이 같은 과제들을 염두에 두고 학생들을 지도한다면 보다 효과적으로 도울 수 있으리라고 봅니다. 에릭슨의 이론에 대해 비판적인 학자들 중에는 이 심리적 과제들이 주로 남성 중심적으로 형성된 것이라고 비판하기도 합니다만, 여성들에게도 어느 정도 적용될 수 있는 심리적 과제로 보아도 무방할 것입니다.

3. 주교 교사의 10가지 메타포

주일학교 교사들은 선생님(teacher)일 뿐 아니라 어린이의 신앙교육의 일부분을 담당하는 교육가(educator)입니다. 교육가의 역할에 대한 많은 메타포(metaphor, 은유)들이 있겠지만, 이 글에서는 티모시 라인스(Timothy Arthur Lines)가 지적한 열 가지의 메타포들을 소개함으로써 교회 학교 교사들의 역할에 대하여 간략하게 제시하려고 합니다.[15] 열 가지의 메타포들은 다음과 같습니다: 부모(parent), 코치(coach), 과학자(scientist), 비평가(critic), 이야기꾼(storyteller), 예술가(artist), 비전의 사람(visionary), 개혁자(revolutionary), 치료사(therapist) 그리고 목회자(minister).

주일학교 교사는 자신의 반 어린이들에게 영적인 의미에서 부모의 역할을 일부 맡게 될 뿐만 아니라 특별히 역기능적인 가정에서 자라나는 주일학교 어린이들에게 제한된 범위 내에서 실제적인 부모의 역할을 감당할 수 있습니다. 대상 관계 이론(object relations theory)에서는 이것을 "재양육하기"(reparenting)라는 용어로 설명합니다. 부모의 따뜻한 관심과 사랑을 받지 못하고 자라나는 어린이들은 주일학교 선생님을 통하여 부분적으로나마 그 사랑을 경험할 수 있습니다. 선생님의 따뜻한 말 한 마디, 용기를 북돋아 주는 말 한 마디, 구체적인 사랑의 표현이 어린 아이의 인격 형성에 커다란 영향을 끼칠 수 있습니다.

교사는 또한 코치의 역할을 감당합니다. 신앙인으로서의 삶을 어떻게 살아야 할지를 구체적으로 훈련시키고 연습시키며, 또한 동기

---

15) Timothy Arthur Lines, *Functional Images of the Religious Educator*, 1992.

를 부여합니다. 코치는 본인이 직접 운동 경기에 참여하여 뛰지는 않지만 그 선수들을 독려합니다. 그처럼 교사는 자신이 가르치는 어린이의 삶을 대신 살 수는 없지만 신앙을 가진 어린이로서 어떻게 성장해야 할지를 자신의 삶을 통하여 시범을 보이며, 연습하게 하며, 또한 동기를 부여해야 합니다.

과학자로서의 교사는 자신이 가르치는 어린이들에 대한 흥미와 관심을 가지며, 관찰하며, 파악하며, 평가하며, 대안을 제시할 수 있는 능력을 갖추어야 합니다. 어린이들의 세계에 대하여 책을 통하여, 직접적이거나 혹은 간접적인 경험을 통하여 연구하며, 하나님의 말씀을 아이들의 수준에 맞게 잘 조직화하며 소개하고, 또한 자신의 교육 방법들에 대하여 부단히 평가하며, 새로운 방법들을 시도하는 것을 두려워하지 않습니다.

비평가로서의 교사는 자신의 교육 내용과 방법들에 대하여 보다 객관적인 입장에서 비평할 줄 알며, 주일 학교 전체의 교육 시스템적인 이슈들에 대해서도 관심을 가지며, 객관적인 눈을 가지고 비평할 줄 알며, 또한 변화를 위하여 건설적으로 노력해야 합니다. 또한 어린이가 건전한 인격을 형성할 수 있도록 피드백을 해줄 수 있는 능력을 갖추어야 합니다.

교사는 이야기꾼의 자질을 갖추어야 합니다. 어린이의 자기 정체성은 자신의 삶의 이야기에서 비롯되며, 또한 성경 이야기 속에서 형성됩니다. 이야기꾼으로서의 교사는 각각의 어린이들이 자신의 삶에서 가져오는 이야기들에 귀기울일 줄 아는 능력을 갖추어야 하며, 그 삶의 이야기와 성경의 복음 이야기들이 어떻게 접촉점을 형성할 수 있는지를 연구하는 자세를 갖추어야 합니다. 더 나아가, 효과적인 이야기꾼으로서 어린이들에게 흥미를 줄 수 있는 방법으로 복음을 소개해 주는 자질이 필요합니다.

교사는 예술가입니다. 어린이가 전인격적인 인성을 형성해 가는 데 있어서 일부분을 조각하는 조각가와 같습니다. 예술가로서의 교사는 신앙 교육에 있어서 창의적입니다. 남들이 시도하지 않은 방법들을 시도해 보며, 각각의 어린이에게 적합한 교육 방법들을 동원합니다. 어린이들의 개체성을 무시하고 집단적으로 구태 의연한 방법으로 복음을 소개하는 교사는 예술가적인 자질을 갖추지 못한 교사라고 할 수 있습니다. 어린이의 품성을 형성하는 데 있어서 자신의 역할을 인식하게 될 때, 교사는 각각의 어린이를 대하면서 그들 속에 감추어져 있는 하나님의 형상들을 발견하고, 하나님 앞에서 조각품의 일부를 만드는 자신의 역할에 대해 경외심을 갖게 됩니다.

교사에게는 비전이 필요합니다. 비전이 있는 사람은 현재의 어린이의 모습만 보는 사람이 아니라, 그 어린이의 미래를 바라보며 함께 꿈을 꿀 수 있는 사람입니다. 가르치는 어린이의 현재의 모습은 비록 미약하고 때로는 불우하다고 할지라도, 그 아이의 미래에 대하여 소망을 가지고 씨를 뿌리며 물을 주고 거름을 주는 작업을 할 수 있는 용기가 있는 사람입니다.

개혁자로서의 교사는 현재의 교회 교육에 만족하여 안주하지 않고, 잘못된 부분은 과감히 수정하며, 벗어난 궤도는 돌이키려는 구체적인 행동을 취하게 됩니다. 교회 교육에 대하여 관심을 갖지 않는 성도들을 향하여, 교회 지도자들을 향하여, 비록 미약한 소리이지만 선지자적인 소리를 계속 발하는 자이며, 자신의 삶의 부족함을 인식하고, 변화하려고 부단히 시도하는 자입니다. 교회 교육의 시스템적인 비기능성을 지적하기에 앞서 자신의 부족함을 깊이 있게 인식하며 겸손하게 변화를 추구하는'자입니다.

교사는 치료자이어야 합니다. 자라나는 어린이들이 언제나 신뢰하고 마음문을 열 수 있으며 찾아올 수 있는 좋은 친구이자 상담가가 되어야 합니다. 주일학교 교사들은 위로하고 지지하며 격려하고 경청하는 역할을 그리스도로부터 위임받고 있습니다. 선생님의 따뜻한 말 한 마디가 어려운 환경 가운데서 성장하는 어린이들의 상처를 싸매어 주며 치유할 수 있음을 늘 인식하고 어린이들을 대해야 할 것입니다. 어린이들의 생각과 행동, 심리 상태들을 그들의 입장에서 이해할 수 있는 능력을 갖추지 않으면 교사로서 효과적인 상담자가 될 수는 없을 것입니다.

마지막으로, 교사는 목회자 혹은 섬기는 자입니다. 선생으로서 제자들의 발을 씻겨 주신 예수님의 모습을 본받아 어린이들을 섬기며 희생하는 역할이 주일학교 교사들에게 요청됩니다. 한 어린이, 한 어린이에게 교사는 어떤 의미에서 '작은 목사' 이며 '작은 목자' 입니다. 그리스도의 품성으로 닮아 가기까지 성장해야 할 어린이들을 주님께서 맡겨 주신, 주님이 사랑하시는 '양들' 임을 기억하고 목자의 심정으로 교육을 감당하는 자들입니다.

주일학교 교사들의 역할은 위에서 제시한 열 가지의 메타포들에만 제한되지 않으며, 다른 많은 이미지들도 가능할 것입니다. 또한 이 열 가지의 메타포들은 서로 독립적인 것이 아니라 한 주일학교 교사의 삶에 역동적으로 어우러져서 교육자로서 어린이들을 가르칠 때 교사의 인격 속에서 자연스럽게 융해되어 나온 것이라야 어린이들의 인성 형성에 깊은 영향을 끼칠 수 있으리라고 생각합니다.

5장

크리스찬과 인격 장애

주를 찾는 자는 다 주 안에서 즐거워하고 기뻐하게 하시며
주의 구원을 사랑하는 자는 항상 말하기를
여호와는 위대하시다 하게 하소서(시 40:16).

상담자들은 알콜 중독자인 부모의 슬하에서 성장기를 거친 사람들을 '알콜 중독자의 성인 아이들'(adult children of alcoholics: ACOA)이라고 명명해 왔습니다. 그들은 알콜 중독자들을 치료하는 일에 관심을 갖게 되면서 그들이 속해 있는 가정에 대하여 점차적으로 관심을 갖게 되었는데, 그 과정에서 알콜 중독자들의 자녀들이 공통적인 증상들을 가지고 있다는 사실에 주목하게 되었습니다. 재닛 웨티츠(Janet Woititz)가 쓴 〈알콜 중독자의 성인 아이〉(Adult Children of Alcoholics)에서 그녀는 성인 아이들이 가지고 있는 증상들을 잘 소개하고 있습니다.[16] 그녀는 그들에게는 자존감의 문제가 있다고 통찰력 있게 간파하였습니다.

흥미로운 사실은 부모가 알콜 중독자가 아님에도 불구하고 알콜 중독자의 성인 아이들이 가지고 있는 공통적인 증상들을 드러내는 사람들이 있다는 점입니다. 그래서 치료사들이 발견하게 된 사실은 알콜의 사용 여부를 떠나서 부모의 관계가 역기능적인 환경에서 성장한 사람들도 동일한 증상과 더불어 씨름하고 있다는 것이었습니다. 이 같은 발견은 크리스찬들의 가정에 시사하는 바가 큽니다. 한국 교회의 상황 속에서 대부분의 크리스찬 부모들이 술을 마시지 않고 살아가지만, 그들의 부부 관계가 역기능적일 때 그들의 자녀들을 성인 아이로 만들 수 있습니다. 한 세대를 더 거슬러 올라가게 되면, 술에 대하여 비교적 관대한 우리의 문화권에서 크리스찬 부모들의 부모 세대에서는 대부분의 남성 혹은 일부 여성들이 중독적으로 술

---

16) Janet Geringer Woititz, *Adult Children of Alcoholics* (Deerfield Beach, FL: Health Communication, Inc., 1983).

을 즐겼다는 점에 있어서 대부분의 크리스찬 부모 자신들은 성인 아이로 성장한 배경을 가지고 있습니다. 달리 표현하자면, 현재의 부모 세대의 많은 크리스찬들이 자존감의 영역에서 문제점을 가지고 있는 사람들로서 자녀들을 양육하는 부모라는 것입니다. 머레이 보웬(Murray Bowen)의 가족 시스템 이론의 주요 개념들 중 하나인 '자기 개별화'(differentiation of self)의 표현을 빌리자면, 그들은 자기 개별화의 수준이 낮은 상태에서 결혼 생활을 시작하였고, 자신들과 비슷한 수준의 자기 개별화를 가진 자녀들을 양육하였다는 것입니다. 이로 미루어 볼 때 현재 한국 교회 내에는 목회자들부터 시작해서 일반 성도들까지, 성인 아이들이 갖는 증상들로 고통을 받는 사람들이 너무도 많다는 점을 추측해 볼 수 있습니다.

성인 아이들이 가지고 있는 증상들과, 정신 의학에서 분류하여 진단하는 인격 장애자들의 증상들 사이에는 많은 공통점들이 존재합니다. 인간은 전인격적인 존재이기 때문에 자존감에 문제가 생기면 그 사람의 삶의 전반적인 영역에서 역기능적인 증상들을 표출하게 되며, 이 증상들은 바로 인격 기능의 일부에서 장애가 발생한 인격 장애자들이 드러내는 증상들과 많은 유사점들을 가지고 있습니다. 한 가지 명심할 것은 성인 아이들 모두가 똑같은 증상을 가지고 있는 것은 아니며, 똑같은 수준의 심각성을 가지고 있는 것도 아니라는 점입니다. 같은 부모 밑에서 자라난 자녀들이라 하더라도 그들의 유전적인 성질의 차이와 태어난 순서, 다른 환경적인 변수들, 스트레스에 대응하는 방법의 차이, 취약성의 차이에 따라서 성인 아이적 증상을 더 많이 드러내기도 하고 덜 드러내기도 합니다. 그리고 이 같은 증상들 모두가 부모들의 역기능성으로부터 연유된 것이라고 전제하지는 않는다는 점을 인식할 필요가 있습니다. 그러나 자녀의 인격 형성에 있어서 부모의 역할이 중요한 변수임은 아무리 강조해도 지나치지 않을 것입니다.

성인 아이는 자존감에 있어서 문제를 가진 사람인데, 자존감은 성장 과정에서 건강하고 적절한 사랑을 받게 될 때 생겨 납니다.[17] 다시 말하자면 성인 아이들은 그들의 성장기에 건강하고 적절한 사랑을 받지 못한 사람들입니다. 필자는 고린도전서 13장에 나타나는 사랑의 속성에 대해서 강의하는 중에 사랑의 속성과 반대되는 속성들이 성인 아이들이 가지고 있는 증상들임을 발견하게 되었습니다. 또한 이 속성들은 인격 장애의 증상들과도 많은 공통 분모가 있음을 발견하였습니다. 이 글에서 부분적으로 성인 아이의 증상과도 연결시켜 언급하겠지만, 저는 주로 인격 장애의 증상들과 고린도전서 13장 4절에서 7절까지 언급된 사랑의 속성들과 반대되는 개념들을 연관시켜 설명함으로써 성경 이해와 인간 이해의 폭을 넓혀 보려고 합니다. 또한 성경적인 사랑의 속성들은 목회자나 성도들의 심리적·정신적 상태를 진단하는 데 풍부한 기준을 제공하고 있음을 밝히려고 합니다. 이 글을 통해서 독자들은 특별 계시인 하나님의 말씀과 일반 계시의 한 형태인 학문이 반드시 상충적인 것이 아니며 종종 상호 보완적이며, 특히 심리학이나 정신 의학의 경우, 성경 말씀을 더 풍성하게 이해하는 데 도움을 줄 수 있다는 점을 알게 될 것입니다. 이것은 심리학이나 정신 의학이 성경 말씀의 원래의 의미를 다르게 해석할 수 있는 권위가 있다는 것을 의미하지는 않습니다. 오히려 크리스찬 심리학자 로렌스 크렙이 주장했듯이 개혁주의적인 목회 상담자들은 성경의 절대적인 진리성과 권위 아래에서 상대적

---

17) 여기서는 일반적인 의미에서의 자존감을 말하고 있습니다. 기독교적인 자존감은 예수 그리스도를 통하여 구원받아 하나님의 아들 혹은 딸이 된 것과 하나님의 사랑을 받는 자로서 자신을 인식하게 될 때 생겨나는 것으로, 환경에 의하여 흔들리지 않는 자존감을 말합니다.

인 진리성과 권위를 이해하고 인정하며 활용하는 태도를 가져야 한다는 점을 전제로 하고 이 글을 전개해 가려고 합니다.

1. 인내

고린도전서 13장에 나타나는 아가페적인 사랑은, 세속적이며 에로스적인 사랑과 많은 차이점이 있습니다. 바울이 아가페적 사랑의 속성을 설명하려고 할 때 추상적이며 철학적인 개념으로 설명하지 않고, 구체적이며 행동적인 특징들을 지적하고 있다는 점을 주목할 필요가 있습니다. 인격의 작용은 외부적인 행동으로 표출됩니다. 성인 아이의 증상이나 인격 장애의 증상 대부분이 행동적으로 드러나는 것입니다. 심리학이나 정신 의학을 때로 행동 과학(behavioral science)이라고 부르는 것도 그것이 표출된 외부적 행동에 관심을 갖는 학문이라는 사실을 말해 주며, 넓은 의미에서는 내부적인 심리, 감정, 정신의 작용까지도 행동으로 봅니다. 바울은 사랑을 행동적인 용어로 표현하기 때문에 그의 사랑의 속성에 대한 이해는 인격 장애를 이해하는 데 큰 도움을 주고 있습니다.

사랑을 묘사할 때 바울이 4절에서 오래 참음 혹은 인내를 맨 먼저 언급하고 맨 마지막 7절에서 "모든 것을 견디느니라"로 마무리한 것은 흥미롭습니다. 아가페적 사랑은 보통 '무조건적 사랑'이라고 하는데, 무조건적 사랑을 하려면 인내가 요구됩니다. 조건적 사랑은 인내심을 필요로 하지 않습니다. 성인 아이들은 대부분 그들의 성장 과정에서 무조건적 사랑보다는 조건적 사랑을 받은 사람들입니다. 조건적 사랑을 받게 되면 '참-자기'(true-self)보다는 '거짓-자기'(pseudo-self)가 발달하게 되며, 진정한 인격의 성숙보다는 겉과 속이 다른 인격 장애를 갖게 됩니다.

참 하나님이시자 참 사람이신 예수 그리스도는 그의 인격의 성숙함을 인내로써 드러내 보이셨습니다. 그는 죽기까지 자신을 복종시키시고 스스로 자기를 비어 낮추시고 십자가의 고난을 받으실 때에도 끝까지 인내하심으로 의를 이루셨습니다. 또한 하나님은 인내하시는 분입니다. 그는 긍휼이 한이 없으시며 노하기를 더디하시며 자비로우시며 은혜로우시며 인자하심이 풍부하신 분입니다(시 103:8 참조). 하나님의 형상을 회복시키는 것을 목적으로 하는 목회 상담이 내담자의 인격 속에서 부족한 인내할 수 있는 능력을 회복시킬 때 그를 인격 장애로부터 인격 성숙과 성화의 과정으로 인도할 수 있습니다.

아이들은 인내할 수 있는 능력이 제한적이기 때문에 조급해 하고 충동적으로 행동하지만, 성인은 인내하며 참으며 기다릴 수 있습니다. 성인 아이들은 신체적으로는 성인으로 성장했지만 심리적으로는 여전히 아이 시절의 이슈와 더불어 갈등하기 때문에 인내하는 능력이 부족한 증상을 가지고 있습니다. 현재 한국 사회에서 증가하고 있는 이혼율을 인내심과 연결시켜 이해할 수도 있겠습니다. 이 같은 이혼의 증가에는 여러 가지 변수적 요인들이 있겠지만 필자는 그 중의 하나가 기혼자들의 인내력의 한계 수준이 낮아진 것과 관련이 있다고 생각합니다. 극단적으로 신혼 여행 중에 이혼을 결심하고 돌아오는 부부들이 많아진 것도 개인주의적인 서구 문화의 영향과 더불어, 결혼 적령기의 청년들의 인격적인 성숙이 그 연령에 적절하게 일어나지 못했음에 기인하는 것으로 보입니다.

인내의 반대 개념은 성급함과 조바심입니다. 군대에서 유격 훈련을 시킬 때 때로는 피교육생들에게 인간의 한계를 넘어서는 듯한 수준까지 강도 높은 훈련을 요구합니다. 신체적으로 정신적으로 그 스트레스를 감당할 수 있는 힘이 부족하게 될 때 쉽게 중도에서 포기하는 군인들이 있습니다. 그러나 건강한 인격을 갖춘 군인들은 스트레스 상황 속에서 그 스트레스를 회피하거나 옴짝달싹 못하여 두려워하지 않고, 인내하면서 대응해 갈 수 있는 능력을 갖춘 사람들입니다. 인격 장애의 제증상들 중에서 인내심의 부족과 연관이 있는 부분을 살펴본다면 다음과 같습니다:

편집성 인격 장애의(6): 다른 사람들은 그렇게 인식하지 않는데 자신의 성격이나 평판에 대한 공격으로 지각하고 곧 화를 내고 반격함.
반사회성 인격 장애의(3): 충동적이거나 미리 계획을 세우지 못함.
경계선 인격 장애의(8): 부적절하게 심하게 화를 내거나 화를 조절하지 못함.

2. 온유

온유함은 하나님의 형상의 한 부분이며 성령의 아홉 가지 열매 가운데 하나입니다(갈 5:23 참조). 예수님은 자신을 표현할 때 "나는 마음이 온유하고 겸손하니 나의 멍에를 메고 내게 배우라"(마 11:29)고 하시면서 자신의 인격 중 한 부분으로서 온유함을 지적하셨습니다. 영어로는 'kindness' 혹은 'gentleness'로 표현되는 온유함은 팔복 중에서도 언급되는 덕목입니다. 온유함은 대인 관계에서 표현되는데, 타인에 대하여 친절하며 환대하며 여유와 공간을 가지고 대해 주는 것을 의미합니다. 산상 보훈에서 예수님께서는 대인 관계에서 이 온유함이 어떻게 구현될 수 있는지를 예를 들어 표현하셨습니다:

나는 너희에게 이르노니 악한 자를 대적하지 말라 누구든지 네 오른편 뺨을 치거든 왼편도 돌려 대며 또 너를 고발하여 속옷을 가지고자 하는 자에게 겉옷까지도 가지게 하며 또 누구든지 너로 억지로 오 리를 가게 하거든 그 사람과 십 리를 동행하고 네게 구하는 자에게 주며 네게 꾸고자 하는 자에게 거절하지 말라(마 5:39~42).

또한 온유함은 '이에는 이, 눈에는 눈'의 방식으로 반응하지 않고, 상대방의 상태를 공감함으로써 상대방에게 품어 주는 환경(holding environment)을 제공하는 것입니다.[18] 온유한 사람은 남을 배려할 줄 알고 공감할 수 있는 능력을 갖춘 사람이며, 바울의 표현을 빌리자면 마음을 넓힌 사람입니다(고후 6:13 참조).

친절함의 의미로서의 온유함은 이웃 사랑으로 표현될 수 있습니다. 한 율법사가 예수님께 누가 우리의 이웃인지를 물었을 때 '선한 사마리아인의 비유'를 말씀하셨는데, 바로 이 비유에 온유함의 특징이 잘 나타나 있습니다. 사마리아인은 강도를 만난 사람을 만났을 때 그를 보고 "불쌍히 여겨" 가까이 다가갔고 그에게 자비를 베풀었습니다. 제사장과 레위인은 "보고 피하여 지나가되" 사마리아인은 친절함으로 그에게 다가가서 낯선 타인에 대한 관심과 사랑을 베풀었는데, 이것은 그에게 친절함이 있었기 때문입니다. 불친절한 사람은 타인에 대한 관심이 결여된 사람이며, 이 같은 사람은 인격 장애를 가진 사람입니다. 더 나아가, 무관심(indifference)은 죄악입니다.

---

18) '품어 주는 환경'은 대상 관계 이론에서 나온 용어인데, 유아의 성장 과정에서 주대상인 어머니나 아버지가 유아에게 성장하기에 적절한 지지적인 환경을 제공하는 것을 의미합니다. 푸근한 느낌, 여유 있는 공간, 수용적인 환경은 온유함의 의미를 내포하고 있습니다.

예수 그리스도의 무조건적 사랑을 경험한 사람은 그의 인격 속에 뿌려진 예수의 사랑의 씨앗이 자라기 시작하여 온유한 성품을 가진 예수님을 닮아 가며 학습하게 됩니다. 예수님께서는 원수를 향해서도 욕하지 않으시고, 자신에게 침 뱉는 자들을 향하여 "아버지 저들을 사하여 주옵소서 자기들이 하는 것을 알지 못함이니이다"(눅 23:34)라고 축복할 수 있는 온유함을 가지고 계셨습니다. 성경의 인물 중에서 온유함으로 기억되는 인물은 모세인데, 그는 하나님을 대면하여 만난 자이며, 하나님의 영향을 직접 받은 자였습니다. 하나님을 만나고 돌아왔을 때 그의 얼굴은 빛나고 있었습니다. 성경은 그를 기억하여 "모세는 온유함이 지면의 모든 사람보다 더하더라"고 표현하였습니다(민 12:3).

온유한 사람은 타인에 대해서 친절할 뿐만 아니라 자신에게도 여유 있게 대하며 수용할 수 있는 공간이 있는 사람입니다. 그는 완벽주의적인 삶을 사느라 지나치게 자신을 비판하거나 학대하지 않으며, 또한 자신에게 지나치게 관대함으로써 자신의 부족을 인식하지 못하는 삶을 살지도 않습니다. 그리고 극단적인 사고나 흑백 논리에 사로잡힘으로 삶의 다양성과 복합성을 수용하지 못하는 증상을 가지고 있지도 않습니다. 극단적인 사고나 흑백 논리는 성인 아이들에게서 찾아볼 수 있는 증상인데, 이들은 삶에서 자신이나 타인을 수용할 수 있는 온유함이 부족합니다.

온유함의 반대 개념을 불친절(unkindness)이나 무관심(indifference)으로 이해할 때 가장 가까운 인격 장애는 분열성 인격 장애(schizoid personality disorder)입니다. DSM-IV에서 분열성 인격 장애의 주요한 두 가지 특성은 사회적인 관계로부터 격리된 삶을 사는 것과 대인 관계 상황에서 감정 표현이 제한적인 것입니다. 정신과 의사들은 다음의 일곱 가지 증상 중 네 가지 이상이 해당될

때 분열성 인격 장애로 진단합니다:

(1) 가족을 포함해서 타인과 친한 관계를 원치 않거나 즐기지 않는다.
(2) 거의 항상 혼자서 하는 활동을 선택한다.
(3) 타인과의 성적 경험에 대하여 관심이 거의 없다.
(4) 거의 모든 분야의 활동에서 즐거움을 경험하지 않는다.
(5) 일차 가족 이외에 친한 친구가 없다.
(6) 타인의 칭찬이나 비난에 무관심하다.
(7) 감정적 냉담, 무관심 혹은 단조로운 정동(情動)을 표현한다.[19]

불친절과 무관심의 증상을 보이는 사람들에게서 분열성 인격 장애의 증상들을 대체로 발견할 수 있습니다. 사랑의 속성 중 하나인 온유함이 없는 사람은 이웃을 사랑할 수 있는 능력을 상실한 사람입니다.

3. 투기하지 아니함

바울은 앞의 두 개념과는 달리 소극적인 의미로도 사랑의 의미를 설명하였습니다. 투기하지 않는다는 것은 타인과의 관계에서 그를 부러워하지 않으며 스스로 만족하는 것을 의미합니다. 타인과 비교함으로 인하여 상대적인 열등감을 느끼지 않으며 하나님께서 자신에게 주신 달란트와 재능이 무엇인지를 자각하며 수용하는 사람은,

---

19) *Diagnostic and Statistical Manual of Mental Disorders: Fourth Edition* (Washington, DC: American Psychiatric Association, 1994), 301.20, p. 641.

타인을 있는 그대로 사랑할 수 있으며 또한 자신을 있는 그대로 사랑할 수 있습니다. 이 같은 사람은 건강한 자존감을 가진 사람인데, 그는 자신의 장점과 단점들을 비교적 정확하게 알고 있으며 또한 수용하며, 타인의 장점과 단점들도 있는 그대로 수용할 수 있습니다.

투기하는 마음은 자족하지 못하는 것에서 비롯된 것입니다. 건강한 인격[20]의 소유자는 자신의 삶에 대하여 감사하며 만족하는 사람으로, 타인이 잘되는 것에 대하여 함께 기뻐하며 축하해 줄 수 있습니다. 그는 자신의 한계를 인정하므로 경계선을 넘어서면서까지 상대방의 것을 부러워하거나 빼앗고자 하는 마음을 갖지 않습니다. 구약에서 아합 왕은 나봇의 포도원을 탐내었고, 결국 나봇을 죽이면서까지 그 포도원을 빼앗음으로 "그의 이웃의 경계표를 옮기는 자는 저주를 받을 것이라"(신 27:17)고 하신 하나님의 말씀에 불순종하는 죄와 살인죄를 짓고 말았습니다. "욕심이 잉태한즉 죄를 낳고 죄가 장성한즉 사망을 낳느니라"(약 1:15)는 말씀은 타인에 대한 욕심과 질투가 결국은 이웃을 해할 수 있으며 또한 자신의 삶에도 파멸을 가져올 수 있음을 경고하고 있습니다.

투기하는 마음은 십계명의 정신에 위배되는 것입니다. 열 번째 계명에서 하나님은 "네 이웃의 집을 탐내지 말라 네 이웃의 아내나 그의 남종이나 그의 여종이나 그의 소나 그의 나귀나 무릇 네 이웃의 소유를 탐내지 말라"(출 20:17)고 말씀하시면서 '경계선'(boundary)을 넘지 말 것을 명하셨습니다. 비록 투기와 질투가 외면

---

20) 이 글에서 '건강한 인격'이란 용어는 불신자들까지 포함하여 일반적인 의미에서 자주 사용되고 있습니다. 따라서 건강한 인격이란 100퍼센트 건강성을 지닌 인격을 의미하지 않고, 상대적인 개념이기는 하지만 어느 정도의 건강성을 대인 관계와 정체성, 정동(affect), 인지(cognition), 충동의 조절 영역에서 발휘하는 인격을 의미합니다. 문맥에 따라서는 건강한 인격은 기독교적인 인간관과 세계관을 전제로 한 틀 속에서 의미할 때도 있음을 밝힙니다.

적인 행동으로 표출되지 않는다고 할지라도 마음에 투기와 질투가 자리 잡게 될 때, 이미 그 마음으로는 죄를 범한 것입니다. 또한 그 마음은 병리적이 될 가능성이 있으며, 투기하는 것이 지속되면 그 사람의 인격에는 장애가 발생한 것입니다.

인격 장애들의 제증상 중에서 투기하는 것과 연결되는 것은 다음의 증상들입니다:

    편집성 인격 장애의(7): 정당한 이유 없이 애인이나 배우자의 정절에 대해 반복적으로 의심함.
    분열형 인격 장애의(5): 의심하거나 편집증적인 사고
    자기애적 인격 장애의(8): 다른 사람을 자주 부러워하거나 다른 사람이 자신을 시기하고 있다고 믿음.

4. 자랑하지 아니함

자랑에는 건강한 자랑과 건강하지 못한 자랑이 있습니다. 성경에서도 건강한 자랑의 경우에는 "자랑하라"고 말씀하며, 건강하지 못한 자랑의 경우에는 "자랑하지 말라"고 경고하고 있습니다. 건강한 자랑은 주로 하나님께 칭송을 돌리거나 이웃의 좋은 점을 칭찬하여 드러내는 것을 말하며, 건강하지 못한 자랑은 스스로를 드러내고자 하는 것입니다: "하나님의 이름을 자랑하리로다"(시 20:7); "너희를 위한 우리의 자랑이 헛되지 않고"(고후 9:3); "너는 내일 일을 자랑하지 말라"(잠 27:1). 따라서 자랑 자체가 나쁜 것은 아닙니다. 이웃과의 관계에서 그리고 하나님과의 관계에서 상대방을 자랑하는 것은 아름다운 일이지만, 자신을 스스로 자랑하는 것은 이웃 사랑의 동기에서 비롯된 것이 아닌 경우가 대부분입니다.

　자신을 자랑하는 것은 타인으로부터 인정과 칭찬을 받고자 하는 욕구에 기인합니다. 성인 아이들은 타인들로부터 인정과 칭찬을 받고자 하는 욕구가 강합니다. 그들은 성장하면서 부모로부터 받았어야 할 인정과 칭찬이 결핍되어 있어서, 채 차지 않은 그들의 잔에 인정과 칭찬의 물을 채우려고 부단히 애쓰는 자들입니다. 문제는 성장한 뒤에 타인들로부터 인정과 칭찬을 받는다고 할지라도 하나님으로부터 진정한 의미의 인정과 칭찬을 경험하지 못하면, 그들의 마음은 마시면 곧 다시 목마르는 우물물처럼 지속적인 만족을 얻을 수 없다는 사실입니다. 그런 점에서 성인 아이들이 타인으로부터 갈구하는 인정과 칭찬은 중독적이며, 진정한 의미의 치유를 가져다 줄 수 없습니다. 성인 아이 출신의 목회자들에게 목회에서 성공하려는 욕구가 더 강하며 대형 교회를 꿈꾸는 것도 그들의 심리적인 잔에 인정과 칭찬이란 물이 채 차지 않았기 때문입니다.

　'자화자찬'이라는 말도 있듯이 스스로를 칭찬하는 것은 자칫하면 자기애적인 모습이 될 가능성이 높습니다. 열등감에 시달리는 내담자들에게 때로 자신을 스스로 격려하며 칭찬하는 것을 처방하기도 하는데 그것이 때로는 효과적일 수 있습니다. 그러나 고린도전서 13장에서 말하는 '자랑하는 것'은 자신을 부각시키고 다른 사람들을 무시하며 자신의 의로움을 드러내는 것을 의미합니다. 허풍을 떨며 외식하며 겉모습만 그럴 듯하게 꾸며서 사람들에게 인정받으려고 하는 것은 건강하지 못한 인격의 모습입니다. 예수님 당시의 바리새인들과 서기관들은 사람들에게 보이려고 자랑하고 외식함으로써 예수님의 책망을 받았습니다. '외식하는 사람'(hypocrite)이란 말은 원래 극장에서 연극하는 배우를 의미했습니다. 사람들에게 속모습과 다른 겉모습만 그럴 듯하게 보임으로써 자신을 위장하는 사람이 외식하는 사람입니다. 인격 장애들 중에 '연극성 인격 장애'(histrionic personality disorder)가 외식자의 모습을 잘 표현해 주고 있습니다. 라틴어 'histrio'는 배우를 뜻하는 단어로서, '연극성 인격 장애'란 진정한 정체감이 없이 표면적인 모습과 자신을 동일시하는 것을 가리킵니다. 예수님의 표현을 빌리면, 열매는 없으면서도 잎만 무성하여 저주를 받았던 무화과나무와 같은 모습을 가진 인격 장애인 것입니다.

DSM-IV는 '연극성 인격 장애'의 대표적인 특징을 '지나친 감정 표현과 관심을 끄는 것'으로 지적하면서, 다음의 증상 중에서 다섯 가지 이상에 해당하는 사람을 이 인격 장애가 있는 것으로 진단합니다:

(1) 자신이 관심의 초점이 되지 않는 상황에서는 불편해 한다.
(2) 타인과의 상호 작용에 있어서 자주 부적절하게 유혹적 내지 자극적이다.
(3) 감정이 급변하고, 피상적으로 표현한다.
(4) 자신에게 관심을 집중시키기 위해 지속적으로 외모를 사용한다.
(5) 지나치게 인상적인 어투를 사용하지만 구체적으로 표현하지 못한다.
(6) 자기 극화, 연극성 그리고 과장된 감정 표현을 한다.
(7) 피암시적이어서 다른 사람이나 환경에 의해 쉽게 영향을 받는다.
(8) 실제보다 더 친밀한 관계를 맺고 있다고 생각한다.[21]

---

21) *DSM-IV*, 301.50, pp.657-658.

5. 교만하지 아니함

교만은 '일곱 가지 치명적인 죄'(seven deadly sins) 중의 하나인데, 자기 평가에 있어서 현실적이지 못하며 객관적이지 못하고 자기를 과대하게 평가하여 인식하는 것을 의미합니다. 교만은 아담과 하와가 에덴 동산에서 "하나님과 같이 되어" 선악을 알게 될 것이라는 뱀의 유혹에 넘어지고 말았을 때 그들의 마음에 자리 잡았던 죄악이었습니다. 피조물로서의 경계선(boundary)을 인식하지 못하고 창조주의 영역으로 넘어가려고 했던 것은 교만으로부터 기인한 것이었습니다.

교만의 반대 개념은 겸손(humility)인데, 겸손은 비굴함(humiliation)과는 다른 것입니다. 겸손은 자신의 모습을 정확히 인식하면서도 남을 나보다 낫게 여기고 그를 높여 주는 것이며, 또한 기꺼이 자신을 낮춤으로써 그를 높이는 것을 의미합니다. 반면에 비굴함은 자신의 모습을 정확히 인식하지 못한 채 열등감의 동기에서 자신의 유익을 위하여 타인 앞에서 자신을 낮추는 것입니다. 속마음으로는 상대방을 존경하지도 사랑하지도 않으면서 자신보다 권위를 가졌다고 여겨지는 사람 앞에서 굽신거리며 치켜 세우며 칭찬하는 것은 겸손한 모습이 아니라 비굴한 모습입니다. 비굴한 사람은 자신보다 낮은 위치에 있는 사람과의 관계에서는 그를 무시하며 깔보고 억압하며 밟아 버리는 행동을 합니다. 건강한 자존감을 갖지 못한 비굴한 사람은 사람들을 차별하며 편애하는 경향이 강합니다. 그는 자신에게 조금이라도 유익이 될 것 같은 사람에게는 관심을 쏟지만, 그렇지 않은 사람은 안중에 두지 않습니다. 그러나 우리가 지향해야 할 기독교적인 겸손은, 스승이지만 제자를 사랑하는 동기에서 종의 모습을 취하셔서 그들의 발을 씻기셨던 예수님의 모습에서 잘 배울 수 있습니다. "나는 마음이 온유하고 겸손하니 나의 멍에를 메고 내게 배우라"(마 11:29)고 말씀하신 주님의 음성에 귀기울일 때 우리의 인격에 건강한 변화가 일어날 수 있습니다.

자신을 있는 모습 그대로 인식하며 수용하는 사람은 교만하지 않으며, 대인 관계에서도 타인을 있는 모습 그대로 인식하며 수용할 수 있습니다. 그는 상대방의 장점들을 칭찬해 주며, 그들이 기뻐할 때 진심으로 함께 기뻐할 수 있으며, 그들의 약점들을 감싸안을 수 있으며, 그들이 아파할 때 진심으로 함께 아파할 수 있습니다. 건강한 자기 인식을 하는 사람은 사고가 왜곡되지 않으며, 과대 망상증에 걸리지 않습니다. 또한 하나님이 바라보시는 시선으로 자신과 타인을 바라볼 수 있습니다. 자신에 대하여 열등 의식을 가지고 있는 사람은, 열등 의식이라는 동전의 다른 면에 교만을 가지고 있는 자입니다. 하나님은 자신을 그렇게 보지 않으며 다른 사람도 자신을 그렇게 보지 않는데, 자신이 자신을 깎아내리며 지나치게 비판하며 혹독하게 대하는 것은, 자신을 소중하게 보는 하나님과 이웃에 대한 무시이며, 따라서 이것은 교만의 행동이라고 말할 수 있습니다.

교만과 밀접한 관계가 있는 인격 장애는 자기애적 인격 장애(narcissistic personality disorder)인데, 공상적으로 혹은 행동상으로 과대성(grandiosity)이 있으며, 자신을 흠모할 것을 요구하며, 공감(empathy)의 부족이 그 특징입니다. 다음의 아홉 가지 증상 중에서 다섯 가지 이상 해당될 때 자기애적 인격 장애를 가진 것으로 진단할 수 있습니다:

(1) 자기-중요성에 대하여 과대한 느낌을 가지고 있다.
(2) 무한한 성공, 권력, 명석함, 아름다움, 이상적인 사랑과 같은 공상에 몰두하고 있다.

(3) 자신의 문제는 특별하고 특이해서 다른 특별한 높은 지위의 사람이나 기관만이 그것을 이해할 수 있고 혹은 그들과만 관계해야 한다고 믿는다.
(4) 과도한 흠모를 요구한다.
(5) 특별한 대우를 받을 자격이 있다는 느낌을 갖는다. 즉 특별히 호의적인 대우를 받기를, 자신의 기대에 대해 자동적으로 순응하기를 불합리하게 기대한다.
(6) 대인 관계에서 착취적이며, 자신의 목적을 달성하기 위해서 타인을 이용한다.
(7) 공감의 결여: 타인의 느낌이나 필요를 인식하거나 확인하려 하지 않는다.
(8) 다른 사람을 자주 부러워하거나 다른 사람이 자신을 부러워하고 있다고 믿는다.
(9) 오만하고 건방진 행동이나 태도를 보인다.[22]

이상의 증상들은 교만한 사람의 모습이라고 해도 과언이 아닐 정도로, 교만과 자기애적 인격 장애는 밀접한 관계가 있는 것을 알 수 있습니다.[23]

---

22) 앞의 책, 301.81, p.661.
23) 스코트 펙은 교만은 '자기애'(narcissism)와 연결되어 있다고 통찰력 있게 지적하였습니다. M. 스코트 펙, 〈거짓의 사람들: 악의 심리학〉, 윤종석 역 (두란노, 1991), p.96.

6. 무례히 행치 아니함

　사랑의 속성은 예의와 범절을 지킬 줄 아는 것을 포함합니다. 일반적으로 통용되는 관습과 사회 규범 및 법을 지킴으로써 타인을 존중하는 것이 사랑의 모습입니다. 더불어 살아가는 사회 속에서 타인에 대한 고려를 하지 않고 예의에 벗어나는 행동을 함으로써 상대방에게 상처를 주는 것은 건강한 인격을 갖춘 사람의 행동이 아닙니다.

　손위 사람에 대한 예우와 타인에 대한 기본적인 존중심, 통용되는 사회적 질서에 대해 존중할 줄 아는 능력이 있는 사람은 건강한 인격을 가지고 있는 사람입니다. 남성과 여성 사이에, 어른과 아이 사이에 그리고 스승과 제자 사이에 지켜야 하는 예의가 지켜질 때 무례한 인간 관계가 형성되지 않을 것입니다. 최근에 부각되고 있는 사회적 문제인 성희롱도 주로 힘을 가진 남성이 여성에게 일방적으로 가하는 '무례한' 행동과 태도로 인하여 여성이 피해를 받는 경험입니다. 청소년들이 어른들을 무시하며 존경할 줄 모르고 또한 어른들도 청소년과 아이들을 무시하고 존중하지 못하는 것은 '무례한' 행동입니다. 그리고 일반 대학에서 교수가 대학원생들의 연구물을 마치 자신의 연구 업적인양 발표하거나 대학원생들을 종속적인 구도속에 묶어 둠으로써 창의적인 생각을 자유롭게 표현하지 못하도록 하는 것도 '무례히' 행하는 것이라고 볼 수 있습니다.

　더 나아가, 건강한 인격을 가진 사람은 공공 질서를 지킬 줄 알며 권위를 존중할 줄 압니다. 교통 법규를 무시하고 과속 운전을 하며 다른 운전자를 위협할 정도로 운전하거나 음주 운전을 하는 것은 건강한 행동이 아닙니다. 현재의 한국 사회는 병리적인 면을 많이 가지고 있는데, 그 중의 하나가 바로 '무례히 행동하는' 것입니다. 공공 장소에서 타인에게 피해가 되는지는 아랑곳하지 않고 흡연을 하고 큰소리로 떠들며, 혹은 예배 중에도 핸드폰의 벨이 울리게 하거나 심지어는 전화를 받기까지 하는 '무례한' 행동들을 함으로써 다른 사람들의 눈살을 찌푸리게 하는 것을 보는 것은 어렵지 않습니다. 그리고 우리는 빨간 신호등에도 아랑곳하지 않고 지나가는 버스나 트럭들을 보면서 무시되는 법질서의 현장을 쉽게 목격하고 있습니다. 더 나아가 법질서를 유지하는 책임을 진 경찰, 검찰 혹은 판사들의 비리들을 다룬 기사가 신문에 오르내리는 사회에서 우리는 살고 있습니다.

'무례한' 이란 의미의 영어 단어 중에 'rude'가 있는데, 무례히 행하는 것은 규칙(rule)을 무시하는 것을 의미합니다. 한국의 기독교인들 중에는 교회 내에서 잘못된 관행이나 불법이 행해질 때에 '은혜롭게' 지나가자는 표현을 많이 사용하는 경향이 있는 것 같습니다. 정의와 법을 이야기하면 그러한 사람들은 사랑이 없다고 이야기하며 오히려 그들을 이상하게 보는 시각도 일부 교회에 존재하고 있습니다. 그러나 바울이 사랑의 속성에 대해 언급하면서 '무례히 행치 않음'을 지적하였음을 한국 땅에 발을 붙이고 사는 크리스찬들은 주목해야 합니다. '무례히 행하는 것'을 그냥 덮고 지나가거나 눈감아 주는 교회가 될 때 교회는 질서와 법 그리고 정의가 존중되지 못하는 공동체로 점차적으로 전락할 위험이 있음을 인식해야 합니다. 물론 법과 질서를 경직되게 내세움으로써 상황과 개인의 사정에 대한 공감이 전혀 없는 극단적인 행동과 태도는 지양되어야 할 것입니다. 극단적인 행동과 태도는 모두 인격의 장애에서 비롯된다고 해도 과언이 아닙니다. 그러나 우리는 우리가 살고 있는 사회와 국가가 법과 질서를 존중하며 모든 사람이 평등하게 대우받는 정의로운 공동체가 되도록 노력해야 할 책임이 모든 믿는 사람들에게 있음을 잊지 않아야 할 것입니다.

　성인 아이들은 역기능적 가정 속에서 경직된 규칙 아래에서 자라났거나 규칙이 거의 없는 환경에서 성장한 사람들입니다. 역기능적 가정에서는 상황과 개인의 사정에 대하여 고려하지 않음으로써 규칙들이 융통성 있게 운용되지 못하고 마치 자녀가 규칙을 지키기 위하여 존재하는 것처럼 자녀들이 대우받습니다. 이해와 용서보다는 처벌과 보복으로 양육하는 환경 속에서 자라난 성인 아이들은 사람들로부터 비판받는 것을 두려워하며, 삶에 있어서 통제하려는 욕구가 강한 특징을 갖게 됩니다.

　무례히 행하는 것은 인격 장애 중에서 반사회성 인격 장애(antisocial personality disorder)의 증상과 관계가 있는데, 이 인격 장애는 타인의 권리를 무시하고 범하는 것이 그 특징입니다. 나이가 18세 이상의 남녀로서 다음의 일곱 가지 증상 중에서 세 가지 이상이 해당될 때 반사회성 인격 장애자로 진단됩니다.

(1) 체포의 이유가 되는 행위를 반복하는 법적 행동을 함으로써 사회적 질서에 따르지 못한다.
(2) 반복적으로 거짓말을 하거나 가명을 사용하거나 자신의 이익이나 쾌락을 위하여 타인을 사기하는 것으로 나타나는 사기성.
(3) 충동성 혹은 미리 계획을 세우지 못함.
(4) 신체적 싸움이나 폭력이 반복됨으로써 나타나는 불안정성 및 공격성.
(5) 자신이나 타인의 안전에 대하여 부주의하게 무시함.
(6) 일정한 직업 행동을 유지하거나 재정적 의무를 중시하는 것을 반복적으로 감당하지 못하는 것으로 나타나는 지속적인 무책임성.

(7) 다른 사람을 해하거나 학대하거나 다른 사람의 것을 훔치는 것에 대하여 개의치 않거나 합리화하는 것으로 나타나는 양심의 가책의 결여.[24]

7. 자기의 유익을 구치 아니함

건강한 인격을 가진 사람은 타인과의 관계에서 자신의 유익만을 구하지 않습니다. 자신의 이익을 고려하는 것은 나쁜 것이 아니지만 타인을 대할 때 어떻게 하면 그 사람이 자신에게 도움이 될 것인지에 대해서만 관심을 가지고 접근하는 것은 건강한 모습이 아닙니다. 아가페적인 사랑은 이기적인 모습을 취하지 않으며, 오히려 이타적인 모습을 가지고 있습니다.

개인주의(individualism)는 개인의 자유와 보편적인 권리 그리고 평등성을 지향하는 점에서 건강한 측면을 가지고 있지만, 그것의 병리적이며 극단적인 측면은 개인과 사회를 '개인주의적'(individualistic)으로 만드는 것입니다. 개인주의적인 삶에서는 타인에 대한 공감이나 관심보다는 자신의 유익과 관심이 앞서며, 더 나아가 타인에 대한 관심이 결여되어 있습니다. 타인이 존재하는 것은 단지 자신의 유익이 되는 범위 내에서만 가치가 있는 것으로 여기는 것은 병리적입니다.

오늘날의 우리 사회는 점차적으로 개인주의화되어 가고 있는데, 이것은 서구 문명의 병리적인 면까지 수용한 결과라고 말할 수 있습니다. 아파트 거주 문화, 인터넷 문화, 영상 문화는 많은 경우에 타

---

24) 위의 책, 301.7, pp.649-650.

인과의 관계에 단절을 가져오고 있으며, 사람들로 하여금 자신만을 추구하게 하는 병리성을 내포하고 있습니다. 이 같은 자기 중심성은 일반 사회뿐만 아니라 교회 공동체에서도 찾아볼 수 있는데, 성도들의 신앙 생활도 개인주의화되어 가고 있으며 특히 이 같은 경향은 대형 교회들에서 종종 찾아볼 수 있습니다. 유기적인 관계를 맺는 신앙 생활보다는 단절되고 소외된 신앙 생활을 해가는 사람들이 많아지고 있으며, 이 같은 현상은 바울이 디모데후서에서 말세의 사람들의 모습을 지적한 것에 잘 나타나 있습니다: "자기를 사랑하며……자랑하며 교만하며……자만하며 쾌락을 사랑하기를 하나님 사랑하는 것보다 더하며 경건의 모양은 있으나 경건의 능력은 부인하는 자니……"(딤후 3:2~5); "때가 이르리니 사람이 바른 교훈을 받지 아니하며 귀가 가려워서 자기의 사욕을 따를 스승을 많이 두고"(딤후 4:3). 교회 공동체 전체를 볼 때에도 이 같은 개인주의적인 성향을 어렵지 않게 찾아볼 수 있습니다. 타 교회들과 혹은 타 교단들과의 관계에서도 자신에게 유익이 될 때에는 관계하지만 그렇지 않을 때에는 관심도 갖지 않고 '우리 교회' 혹은 '우리 교단'만 잘 되면 된다는 식의 사고 방식이 무의식적으로 목회자들과 성도들의 사고에 자리 잡게 될 때 교회나 교단은 병리적이 될 수 있음을 인식하여야 합니다.

건강한 인격을 가진 사람은 자신이 타인들과 '더불어 살아가는 존재'임을 인정하고 상호적인 유익을 주고받을 수 있는 삶을 살려고 노력합니다. 그는 타인에게 도움이 되도록 베풀기도 하며 무조건적으로 봉사하기도 하지만, 자신에게 타인의 도움이 필요할 때에는 도움을 청할 수도 있으며 또한 도움 받는 것을 부끄러워하거나 도움을 거절하지 않습니다.

자기의 유익만을 추구하는 개인주의적인 삶은 자기애적 인격 장애의 증상과 유사한 면을 많이 가지고 있습니다. 또한 타인에 대한 관심이 전혀 없을 때에는 분열성 인격 장애의 증상과도 관련이 있다고 보입니다.[25]

8. 성내지 아니함

사랑은 성내지 않는 것이라고 오해할 수도 있는데, New International Version 성경에서는 "not easily angered"라고 그 의미가 분명하게 번역되어 있습니다. 이것은 사랑의 사람이라고 해서 전혀 성내어서는 안 된다는 것이 아님을 말해 줍니다. 분노는 분명히 하나님이 인간에게 주신 기본적인 감정 중의 하나이며 그 자체가 죄악은 아닙니다. 그러나 통제되지 않은 분노나 치유되지 않은 마음으로부터 오는 분노와 성내는 것은 죄악에 노출될 가능성이 높은 취약성을 가지고 있습니다. 건강한 인격을 가진 사람은 타인과의 관계에서 조그만 일이나 사건에 쉽게 분노하지 않습니다. 쉽게 분노하는 것은 그만큼 감정 조절 장치가 헐거워져서 정상적으로 작동이 잘 되지 않는다는 것을 의미합니다. 반대로 조절 장치가 너무 엄격하게 작동해서, 분노하고 싶어도 분노를 표현할 수 없고, 분노해야만 하는 상황에서도 분노하지 못하고 오히려 미소를 지으며 속으로는 화가 나 있는 것은 건강한 인격의 모습이 아닙니다.

쉽게 분노하지 않는 사람은 적절하게 표현하는 법을 알며, 상대방에게 상처를 주지 않고 자신이 화가 난 것을 그에게 알릴 수 있는 사

---

25) 여기에서는 두 인격 장애의 세부적인 증상들을 언급하는 것은 지면 관계상 생략하였습니다.

람입니다. 분노하는 것도 타인과의 관계를 회복하며 진실하고 친밀하게 대하며 상대방을 위하여 하는 것임을 인식하게 될 때 사랑의 동기에서 분노를 표현할 수 있습니다. 성인 아이들은 감정을 적절하게 표현하지 못하는 증상을 가지고 있는데, 특히 분노의 경우에 억압하거나 지나치게 표현함으로써 대인 관계에서 어려움을 겪게 됩니다.

DSM-III-R에는 있었다가 DSM-IV에서 빠진 인격 장애가 수동-공격성 인격 장애(passive aggressive personality disorder)인데, 그 특징은 사회적이며 직업적인 상황에서 적절한 성과를 요구하는 것에 대하여 수동적으로 저항하는 것입니다. 아홉 가지 증상 중에서 다섯 가지 이상이 해당될 때 수동-공격성 인격 장애로 진단합니다:

(1) 할 일을 미룸으로써 마감일을 지키지 못한다.
(2) 자기가 원치 않는 일을 하도록 요청받을 때 시무룩해하거나 짜증을 내며 또는 논쟁적이 된다.
(3) 자신이 정말로 원치 않는 일을 할 때에는 고의적으로 일을 천천히 하거나 일을 망치는 경향이 있다.
(4) 타인들이 자신에게 타당하지 않은 요구를 한다고 근거 없이 항의한다.
(5) 잊었다고 하면서 책임을 회피한다.
(6) 다른 사람들이 평가하는 것보다 스스로는 더 일을 잘해 내고 있다고 믿는다.
(7) 다른 사람들이 어떻게 하면 그가 더 생산적일 수 있는지에 대하여 유익한 제안을 해주는 것에 대하여 불쾌하게 여긴다.
(8) 자신에게 할당된 작업을 소홀히 함으로써 다른 사람들의 노력

을 방해한다.
(9) 권위의 위치에 있는 사람들을 이유 없이 비판하고 경멸한다.[26]

위의 증상들은 공통적으로 분노와 관련되어 있으며, 치유되지 않은 마음으로부터 오는 건강하지 못한 분노가 밖으로 표출되는 행동이라고 볼 수 있습니다.

9. 악한 것을 생각지 아니함

개역 성경에서는 사랑은 "악한 것을 생각지 아니하는 것"이라고 번역되었지만 NIV성경은 "잘못한 것에 대하여 기록해 두지 않는 것"(keeping no records of wrongs)이라고 보다 분명한 의미로 번역하였습니다. 즉 사랑은 타인이 자신에게 잘못한 것, 실수한 것, 상처를 준 것에 대하여 마음에 기록해 두고 용서하지 않는 것과는 대조되는 것입니다. 가족 치료사인 버지니아 사티어(Viginia Satir)는 역기능적인 의사 소통을 네 가지로 지적하는데, 그 중의 하나가 '계산하기'(computing)입니다. 이 의사 소통 유형은 자신의 속마음은 드러내지 않고 속으로 상대방이 잘못하고 실수한 것을 하나둘씩 입력해 두었다가 한꺼번에 폭발시키되 그 동안 입력해 두었던 것들을 처음부터 끝까지 다 표현함으로써 상대방을 당황하게 하며 혼란스럽게 하는 의사 소통을 의미합니다. 건강한 인격을 가진 사람은 타인으로부터 상처를 받았을 때 그 상황 속에서 자신의 마음과 감정을

---

26) *DSM-III-R*, 301.84, pp. 357-358.

비교적 솔직하게 인식하고 표현할 수 있는 사람입니다. 또한 표현할 수 없는 상황에서는 하나님 앞에 토로하며, 자신이 하나님으로부터 더 큰 용서를 경험한 자임을 인식하고 "우리가 우리에게 죄 지은 자를 사하여 준 것 같이 우리 죄를 사하여 주시옵고"(마 6:12)라고 하나님 앞에 그 상처를 드러내고 치유를 받음으로써 그 상처를 마음에 한으로 품지 않고 보복하는 것을 포기할 수 있는 사람입니다.

건강한 인격을 가진 신앙인은 자신의 실수와 죄악과 실패를 인정하고 회개하며 수용하며 떠나 보내는 사람입니다. 하나님께서 자신을 용서하셨음에도 불구하고 스스로 자신을 용서하지 못하고 계속 마음으로 자학하며 괴로워하는 것은 진정한 용서의 경험을 하지 못한 것에서 비롯된 것이며, 그러한 상태로는 건강한 삶을 살아갈 수 없습니다. 자신에게 지나치게 엄격하며, 혹시 자신이 타인에게 상처를 주는 말을 할까봐 너무 긴장해서 대화를 하거나, 대화하고 헤어진 다음에 집에 돌아와서 녹음 테이프를 다시 돌리듯이 자신이 했던 말을 생각하며 자신이 사소하게 실수한 말 때문에 괴로워하며 계속 그 생각에 집착하고 헤어 나오지 못하는 것은 스스로의 삶을 너무 힘들게 만드는 것이며 대인 관계를 소극적으로 이끌 수 있는 위험성이 큰 행동입니다. 그리고 자신에게 너무 엄격한 사람은 타인에게도 너무 엄격해서 타인의 실수를 수용하기가 힘듭니다.

타인과 자신의 실수를 기록하고 보복심을 품거나 스스로를 학대하는 사람은 은혜를 경험해 보지 못한 사람입니다. 인간은 불완전한 존재이며 한계가 있는 존재이며 사람마다 실수와 상처를 주고받을 수 있다는 것을 수용할 수 있는 사람은 이 세상에서 살고 있는 인간을 보다 객관적이며 현실적으로 이해하고 있는 사람입니다. 크리스찬이라고 해서 완벽한 사람이 아니라 여전히 불완전하며 행동과 말에 실수가 있으며 '이미, 그러나 아직 아니'(already but not yet)의 삶을 살고 있는 존재임을 인정할 때 우리는 타인을 수용하고 사랑하며 은혜를 베풀 수 있고 또한 자신도 수용하며 사랑할 수 있게 됩니다. 보복하려는 마음을 버리고 "원수까지도 사랑하는" 것은 은혜를 체험한 건강한 인격과 성숙한 신앙을 가진 사람에게서 찾아볼 수 있으며, 예수님은 우리에게 그 모델이 되어 주셨습니다.

자신이나 타인의 잘못을 꼼꼼하게 기억하며 잊지 못하는 것은 강박성 인격 장애(obsessive compulsive personality disorder)의 증상들과 관계가 있습니다. 강박성 인격 장애의 특징은 융통성, 개방성, 효율성을 희생시키면서까지 정돈성(orderliness), 완벽주의, 정신적 통제와 대인 관계의 통제에 지나치게 집착하는 것입니다. 다음의 여덟 가지 증상들 중에서 네 가지 이상에 해당될 때 강박성 인격 장애로 진단합니다.

(1) 세부적인 내용, 규칙, 목록, 순서, 조직 혹은 스케줄에 집착하여 활동의 중요한 부분을 놓친다.
(2) 일의 완수를 방해할 정도로 완벽주의를 나타낸다(예: 자신의 완벽한 기준을 만족시키지 못해 어떤 계획은 완성할 수 없다).
(3) 여가 활동이나 친구 교제를 마다하고 직업이나 생산적인 것에 지나치게 충실한다(경제적인 필요가 명백하지 않은 경우에도).
(4) 지나치게 양심적이고 소심하며, 도덕, 윤리 또는 가치관에 대하여 융통성이 없다(문화적 혹은 종교적 특징이 아닌 경우임).
(5) 감정적인 의미가 없는데도 낡고 가치없는 물건을 버리지 못한다.
(6) 자신이 일하는 방법에 대해 정확하게 복종적이지 않으면 일을 위임하거나 같이 일하지 않으려고 한다.
(7) 자신과 타인에 대해 돈 쓰는 데 인색하다; 돈을 미래의 재난에 대해 대비하는 것으로 생각한다.

(8) 경직성과 고집을 보인다.[27]

위에서 나타나는 증상들처럼 타인의 잘못이나 실수를 큰 틀 속에서 바라보거나 이해하고 수용하며 용서하지 못하고, 세부적이며 지엽적인 것에 매여서 그것을 고집하며 놓지 못하는 것은 건강하지 못한 행동과 태도입니다. 사랑은 이와는 정반대의 속성을 가지고 있습니다. 이 같은 강박으로부터 자유롭게 되려면 무조건적인 사랑과 은혜를 지속적으로 경험해야 합니다.

10. 불의를 기뻐하지 아니함

사랑은 "불의를 기뻐하지 않는"(not delight in evil) 것입니다. 이 표현을 미루어 생각해 보면 사람들 중에는 정의보다는 불의를, 선보다는 악을 행하는 것에서 기쁨을 얻는 사람들도 있음을 알 수 있습니다. 예를 들면, 건강하며 상호적인 성적 관계에서 기쁨을 얻기보다는 가학성 음란증(sadism)이나 피학성 음란증(masochism)에서 기쁨을 얻는 병리적인 인간들도 이 땅에는 있습니다. '악'의 영어 단어는 'evil'인데, 단어 유희를 해보자면 마귀는 'd-evil'입니다. 마귀는 악의 근원입니다. 크리스찬 정신과 의사 스코트 펙이 쓴 〈거짓의 사람들〉에 보면 어느 날 그의 여덟 살 난 아들이 'evil'을 거꾸로 쓰면 'live'가 된다는 것을 발견하고 그에게 알려 준 이야기가 언급되어 있습니다. 그 단어의 유희를 통하여 펙은 악은 삶 혹은 생명과 대조되는 개념이라고 간파하며, 악은 파멸과 죽음, 분열을 가져

---

27) 앞의 책, 301.6, pp.668-669.

오는 속성을 지니고 있다고 지적하였습니다: "악은 삶을 거스르는 것이다. 그것은 생명력을 역류하는 것이다. 한마디로 그것은 죽음과 상관이 있다. 더 구체적으로 말하면 살인과 상관이 있다."[28] 그는 현재의 인격 장애 유형들에 새로운 인격 장애로서 악한 사람들을 포함시킬 것을 제시하면서 악한 사람들의 증상을 다음의 네 가지로 언급하였습니다.

(1) 파괴적인 행동, 희생양 찾기(책임 전가) 행동이 일관성 있게 나타나며, 그 양상은 대개 아주 미묘한 모습을 띤다.
(2) 비난이나 그 밖의 형태의 나르시시즘적 상처들을 지나치리만큼 못 견뎌 하는데, 대개는 눈에 띄게 드러나지 않는다.
(3) 사람들 앞에서의 자기 이미지와 사람들이 자기를 존중해 주는가에 대하여 유별난 관심을 가지고 있다. 이로 인하여 생활 양식이 견고해진다는 이점은 있으나, 동시에 그것은 증오나 복수심을 부정하게 하고 위선의 정도를 더하게 만든다.
(4) 지적인 속임수를 자꾸 씀으로 말미암아 스트레스를 받는 것과 같은 상황이 되면 가벼운 정신 분열증적 장애와 흡사한 모습이 점점 많이 나타난다.[29]

이와 같은 악이 사람의 인격 속에 자리 잡거나 대인 관계, 사회, 국가 속에 스며들 때 정신 분열, 공격성, 집단 히스테리 혹은 전쟁으로 표출될 수 있으며, 인간과 사회를 파멸로 이끌어갈 수 있습니다. 크

---

28) 스코트 펙, 〈거짓의 사람들〉, p.49. 펙은 그의 책에서 악을 정신 의학적인 관점에서 통찰력 있게 잘 설명해 내고 있습니다. 이 책에서 그는 악을 정신 질환의 진단 체계 속에 포함시킬 것을 주장하였습니다.
29) 앞의 책, p.158.

게는 히틀러 정권과 나찌 수용소의 유대인 대학살 사건과 같은 큰 역사적 사건에서부터 한 개인이 경험하는 귀신 들림에 이르기까지 이 같은 악의 활동은 현재에도 일어나고 있습니다. 핵무기 개발, 환경 오염, 테러, 전쟁, 종족 살인, 인종 차별과 같은 집단적인 악과 살인, 강탈, 강간, 가정 폭력, 따돌림 등의 개인적 삶에서 일어나는 악의 형태를 삶의 도처에서 쉽게 찾아볼 수 있습니다. 최근에 제가 TV에서 보았던 영화 '블루 스카이'(Blue Sky)는 개인적 삶에서 일어나는 악과 집단적 삶에서 일어나는 악이 어우러져 있는 모습을 잘 표현하고 있었습니다. 위장과 기만이 쉽게 일어날 수 있는 군대 공동체에서 핵실험에 참여했던 핵 연구가인 한 소령은, 핵실험 과정을 모르고 그 지역에 들어온 두 카우보이들이 방사능에 노출되었기 때문에 그들에게 알려서 치료를 받도록 해야 한다고 주장했지만, 오히려 그는 모함을 받아 정신 병원에 강제적으로 입원하게 되었고, 멀쩡한 그를 정신과 군의관들이 정신과 약을 투여하여 오히려 폐인으로 만드는 악의 모습을 묘사한 영화였습니다. 소령을 핵실험하는 곳으로 출장을 보내었던 소령의 상관인 대령은 소령의 아내를 유혹하기 위하여 소령의 아내와 부정한 관계를 맺는 악을 저질렀고, 그것을 은폐하기 위하여 소령을 정신 병원에 강제적으로 입원시키고, 한 사람과 한 가정을 파멸로 치닫게 하는 악을 저질렀습니다. 영화는 결국 정의의 승리와 소령과 그의 가정의 회복으로 끝맺고 있지만, 악이 우리의 삶에 얼마나 뿌리를 깊게 박고 있는지를 잘 묘사해 주었습니다. 작은 누룩이 떡반죽 덩어리 전체에 영향을 끼치듯 악은 인간의 전반적인 삶에 악영향을 끼칩니다.

악은 위장하며 은폐하는 특성이 있기 때문에 죄성을 가진 인간이 쉽게 인식하기 어려울 때가 많습니다. 악의 현상에 덜 민감한 사람일수록 그 사람의 인격은 장애를 가지고 있다고 볼 수 있습니다. 그러나 사랑의 사람, 건강한 인격을 소유한 사람은 악의 현상을 민감하게 인식할 수 있는 능력이 정상적으로 작동합니다. 거짓과 은폐되어 있는 악과 싸워 나가야 하는 것은 영적 전투에 참여하는 크리스찬들에게 주어진 과제들 중의 하나입니다. 그런데 크리스찬들의 인격에서 장애가 일어나면 그 자신이 오히려 거짓과 은폐의 사람이 되어, 영적 전투에서 적군인 악의 실체와 싸우기보다는 아군인 크리스찬과 더불어 싸우게 될 가능성이 있습니다. 교회 공동체에서 일어나는 교회 분열과 정치적인 싸움 뒤에는 악의 실체가 버티고 있음을 인식하고 경성하는 태도가 우리에게 필요합니다. 스코트 펙은 악과 은폐의 관계를 다음과 같이 언급하였습니다: "은폐는 아주 거대한 집단 차원의 거짓이다. 거짓은 동시에 악의 증상이기도 하고 악의 원인이기도 하다. 꽃이기도 하면서 뿌리이기도 한 것이다."[30] 이 같은 은폐와 거짓의 증상과 뿌리를 가진 악을 극복하는 것은 사랑의 치료약을 통해서만 가능합니다. 진실과 정의 그리고 용기의 특성을 가진 사랑이 개인과 사회 조직에 스며들어 갈 때 빛과 소금의 역할을 하여 어둠의 세력인 악을 물리칠 수 있습니다.

 악을 행하는 것에서 기쁨을 누리게 되면 그 행동을 반복할 가능성이 높아지며 또한 지속적이 될 가능성이 높아집니다. 그렇게 되면 인격이 점점 더 병리화되며, 인격이 병리화되면 될수록 악의 아비인 마귀의 영향력에 더욱 취약해져서 사악한 열매를 맺게 됩니다. 크리스찬들 중에서도 악한 일에 참여하다가 점점 병리화 혹은 중독화하여 마귀의 시험에 쉽게 노출되며 넘어지는 이들을 필자는 상담 현장에서 종종 목격해 왔습니다.

 불의를 기뻐하는 것과 가장 가까운 인격 장애는 앞에서도 언급한

---

30) 앞의 책, p.271.

바 있는 반사회성 인격 장애입니다. 타인의 권리를 무시하며 무너뜨리는 것이 이 인격 장애의 주요 특징인데, 바로 이 점이 악의 성격을 가지고 있는 것입니다. 또한 거짓과 조종이 특색입니다. 사기, 살인, 법질서 무시, 음주 운전, 성폭력, 성희롱, 위조, 변장, 약물 남용, 중독 등을 반복하는 사람들은 다 반사회성 인격 장애자에 속합니다. 하나님은 이 악의 열매들을 기뻐하시지 않습니다. 갈라디아서를 기록한 바울은 이와 같은 일을 육체의 열매라고 규정 지으며, 이 같은 일을 행하는 자들은 하나님의 나라를 유업으로 받지 못한다고 말씀하셨습니다: "육체의 일은 분명하니 곧 음행과 더러운 것과 호색과 우상 숭배와 주술과 원수 맺는 것과 분쟁과 시기와 분 냄과 당 짓는 것과 분열함과 이단과 투기와 술 취함과 방탕함과 또 그와 같은 것들이라 전에 너희에게 경계한 것 같이 경계하노니 이런 일을 하는 자들은 하나님의 나라를 유업으로 받지 못할 것이요"(갈 5:19~21). 이 같은 악의 영향으로부터 치유되려면 그의 인격 속에 사랑의 원천이 되시는 하나님 아버지와 그 아들 예수 그리스도와 성령님을 모셔 들여야 합니다. 성령이 삶의 주인이 되시도록 위탁하며 그 뜻에 순응하게 될 때, 삶에서 악의 열매 대신에 성령의 열매들이 하나둘씩 맺히기 시작할 것입니다. 우리는 이와 같은 역사를, 교도소에 수감되어 있는 반사회성 인격 장애자들이 예수 그리스도를 영접한 후에 그들의 삶에서 건강한 변화가 일어나는 것에서 목도하고 있습니다.

11. 진리와 함께 기뻐함

건강한 인격을 소유한 사람은 악행하는 것에서 기쁨을 누리지 않고, 적극적으로 진리 혹은 진실과 더불어 기쁨을 누리는 자입니다.

NIV성경에서는 '진리'에 정관사를 붙여서 표현하고 있는데, 그 의미를 살린다면 사랑의 사람, 건강한 인격을 소유한 사람은 사랑의 근원이 되시며 길이요 진리요 생명이신 예수 그리스도와 더불어 사는 삶에서 기쁨을 누리는 자입니다. 정관사의 의미를 살리지 않고 생각한다면 건강한 인격의 소유자는 삶에서 진실하려고 애쓰며, 비진리와 거짓과 위선, 외식과 더불어 용기 있게 직면하여 싸우는 모험을 할 수 있는 자입니다. 또한 그는 매임과 억압으로부터 자유와 해방의 삶을 살려고 노력하며, 그 삶을 실제로 경험하면서 살아가는 자입니다. 왜냐하면 그는 "진리를 알지니 진리가 너희를 자유롭게 하리라"(요 8:32)는 말씀의 진리를 체험하기 때문입니다.

진실을 직면하는 것은 자주 고통스럽고 수치스럽지만 그 고통과 수치 뒤에 찾아올 자유와 해방이 어떤 것인지를 알기 때문에 용기를 가지고 나아갈 수 있는 것입니다. 위장과 거짓은 잠시의 평안은 줄 수 있지만 장기적인 참 평안은 가져다 주지 못합니다. 건강한 인격이 우세하게 작용하는 삶을 사는 사람은 자신이 살아온 과거의 삶을 왜곡하여 미화하거나 포장하여 인식하지 않고, 자신에게와 타인에게 솔직하고 진솔한 삶을 살려고 노력합니다. 진정성(genuineness)과 일치성(congruence)이 드러나는 삶을 지향하고 살아갈 때, 그 크리스찬의 삶에서는 예수 그리스도의 인격을 닮아 가는 성화의 과정이 지속될 수 있습니다.

12. 항상 보호해 줌

사랑은 "모든 것을 참으며"를 NIV성경에서는 사랑은 "항상 보호하며"(always protect)로 번역하였습니다. 모든 것을 참는다는 의미는 사랑의 첫번째 속성에서 언급했고, 마지막 속성인 "모든 것을 견디느니라"와 공통적인 의미를 가지고 있기 때문에 저는 여기에서 "항상 보호해 줌"의 의미에 대하여 언급해 보려고 합니다.

건강한 인격을 가진 사람은 도움이 필요한 사람과 바람막이 역할이 필요한 사람에게, 하나님께서 우리의 방패와 보장이 되어 주시듯이 그들의 방패막이 역할을 하는 사람입니다. 도움을 요청하는 사람을 외면하지 않으며, 위기에 처한 사람에게 공감을 가지고 다가설 수 있으며, 보호받고자 하는 사람에게 도피성의 역할을 해주는 것은 건강한 인격을 가진 사람이 할 수 있는 행동입니다.

보호(protection)를 방어(defense)의 의미로 생각할 때 병리적인 인격을 가진 사람은 방어 기제(defense mechanism)가 지나치게 발달한 나머지 대인 관계에서 친밀한 관계를 유지하지 못하며 자기 개방을 할 수 없는 사람이거나, 자신을 방어해야 할 때 방어할 수 없을 만큼 방어 기제가 허물어져 버린 사람이라고 말할 수 있습니다. 전자는 필요하지 않은 경우에도 자신을 너무 과잉 보호하므로 타인이 접근하기가 힘들며, 상황과는 관계 없이 타인의 접근을 항상 방패로써 막는 경우입니다. 후자는 타인이 자신의 울타리와 공간을 짓밟고 넘어들어올 때에도 아무런 항거도 하지 못하고 당하는 경우를 의미합니다. '아니오'라고 말해야 할 때에 강하게 말하지 못하고 자신의 뜻과는 달리 '예'라고 대답하는 것은 그 사람의 자존감의 수준이 낮음을 말해 줍니다. 옳지 않은 일이라는 것을 알면서도 '옳지 않다'고 자신의 목소리를 낼 수 없는 것은 그의 인격이 건강하지 못하다는 것을 의미합니다. 타인의 자유와 권익을 해하지 않으면서도 하나님이 주신 소중한 양심의 자유와 자신의 권익을 주장할 수 있어야 건강한 삶을 살아갈 수 있습니다. 안타깝게도 우리가 살아가는 사회와 교회와 국가는 종종 역기능적이어서 이 같은 자기 방어를 하기가 쉽지 않습니다. 그럼에도 불구하고 건강한 인격성과 도덕성을 갖춘 개인과 교회는 개인적인 삶에서뿐만 아니라 사회와 국가에 대해서 예면 "예", 아니면 "아니오"라고 외칠 수 있는 예언자적인 목소리를 회복해야 할 것입니다.

역으로, 항상 타인의 보호와 관심이 없으면 이 땅에서 살 수 없는 사람은 건강한 인격을 갖춘 사람이 아닙니다. 물론 신체적 · 정신적 장애인으로 태어났거나 사고로 장애인이 된 사람들은 어쩔 수 없이 타인에게 의존해야만 살 수 있지만, 그런 경우를 제외하고, 스스로 움직일 수 있는 사람들 중에도 의존적인 삶을 살아가는 사람이 적지 않습니다. 예를 들어, 알콜 중독자의 부부 관계를 '동반 의존성'(codependence)이라고 부르는데, 이들은 서로를 필요로 하며 상대방이 없이는 살아갈 수 없는 공생적인 관계를 형성하고 있는 인격 장애자들입니다. 이들은 보호와 관심을 상호적으로 주고받기보다는 '일방적 관계'(one-way relationship)를 형성하고 살아갑니다. 타인에게 부담과 짐만 되며 두려움만 가져다 주는 사람은 건강한 삶을 살지 못합니다. 예를 들면, 집안의 돈을 훔쳐서 나가 살다가 돈이 떨어지면 집에 돌아와 술 먹고 행패 부리고 가족을 폭행하고 돈을 주면 또 나가고 돈이 떨어지면 다시 가족을 괴롭히는 생활을 반복하는 사람들도 이 땅에는 살고 있습니다.

타인의 보호와 관심을 받아야만 사는 사람들은 의존성 인격 장애(dependent personality disorder)의 증상을 가지고 있는 사람들입니다. 돌봄을 받고자 하는 욕구가 광범위하고 지나쳐서 복종적이며 매달리는 행동과 분리 불안을 초래하는 것이 이 장애의 특징인데, 다음의 여덟 가지 증상들 중에서 다섯 가지 이상일 때 의존성 인격 장애로 진단합니다.

⑴ 타인으로부터의 지나칠 정도의 충고나 확신 없이는 일상의 결정을 내리는 데 어려움을 겪는다.
⑵ 자신의 생활 중 가장 중요한 부분에 대해 타인이 책임 질 것을 요구한다.
⑶ 지지와 칭찬을 잃는 것에 대한 공포 때문에 타인과의 의견 불일치를 표현하는 데 어려움을 나타낸다(주: 보복에 대한 현실적인 공포는 포함되지 않는다).
⑷ 계획을 시작하기 어렵거나 스스로 일을 하기가 힘들다.
⑸ 하기에 불쾌한 일이라고 할지라도 타인의 돌봄과 지지를 원하기 때문에 이를 자원할 정도로 지나친 면을 보인다.
⑹ 혼자서는 자신을 돌볼 수 없다는 심한 공포 때문에 불편함과 절망감을 느낀다.
⑺ 친밀한 관계가 끝나면 자신을 돌봐주고 지지해 줄 근원으로서 다른 관계를 시급히 찾는다.
⑻ 자신을 돌보기 위해 혼자 남는 것에 대한 공포에 비현실적으로 집착한다.[31]

13. 항상 믿음

신뢰감은 건강한 인격을 형성하는 기초와 같은 것입니다. 건강한 인격을 가진 사람은 수직적으로는 하나님에 대한 신뢰감과, 수평적으로는 타인에 대한 신뢰감과 자신에 대한 신뢰감을 가지고 살아가는 사람입니다. 건강한 인격의 소유자는 자신의 주위에 있는 타인들

---

31) *DSM-IV*, 301.6, pp.668-669.

과 세상에 대하여 기본적인 신뢰감을 가지고 대할 수 있습니다. 그뿐 아니라 그는 타인들에게 신뢰감을 줄 수 있는 사람입니다. 반대로 병리적인 인격을 가진 사람은 타인을 불신하며, 세상에 대하여 피해 의식을 가지고 있는 사람입니다. 또한 자신에 대한 불신감으로 자신감을 갖지 못합니다. 타인을 분별력 없이 신뢰하는 것은 현실 검증 능력이 떨어지는 아이들에게는 괜찮지만, 어른의 경우에는 그의 인격이 건강하지 못함을 나타내는 것입니다.

신뢰감은 이 세상이 움직이는 데 있어서 필수 불가결한 요소입니다. 가정에서 신뢰감이 무너질 때 의부증, 의처증과 같은 병리적인 현상이 나타납니다. 만약 우리가 주변 환경과 사람들을 기본적으로 신뢰하지 못한다면 우리는 불안과 두려움을 경험하게 되며 집 밖으로 나갈 수 없게 되고 폐쇄적인 삶을 살 수밖에 없습니다. 정신 분열증 환자들이 보이는 증상 중에 하나가 망상인데, 그 중에서도 피해 망상이 두드러집니다. 외부 세계를 신뢰할 수 없고 두려워하게 되면 활동 반경이 점점 줄어들게 되며, 나중에는 집안 식구들까지도 불신하게 되고, 자신의 방에 틀어박혀서 자폐적인 삶을 살게 됩니다.

불신과 관련된 인격 장애를 든다면 편집성 인격 장애(paranoid personality disorder)를 꼽을 수 있는데, 그 주요 특징은 타인에 대한 전반적인 불신과 의심입니다. 다음의 일곱 가지 증상들 중에서 네 가지 이상이 해당될 때 편집성 인격 장애로 진단합니다:

(1) 충분한 근거 없이, 다른 사람이 자신을 관찰하고 해를 끼치며 기만한다고 의심한다.
(2) 친구들이나 동료들의 충정이나 신뢰에 대하여 근거 없는 의심에 사로잡혀 있다.
(3) 어떤 정보가 자신에게 불리하게 이용될 것이라는 잘못된 두려

움 때문에 다른 사람에게 비밀을 털어놓기를 꺼린다.
(4) 보통 악의 없는 언급이나 사건을 품위를 손상하거나 위협적인 의미가 깔려 있는 것으로 해석한다.
(5) 지속적으로 원한을 품는다. 즉 모욕이나 상처 주는 것 혹은 경멸을 용서하지 못한다.
(6) 다른 사람들은 그렇게 보지 않는데 자신의 성격이나 평판에 대한 공격으로 지각하고 즉각 화를 내고 반격한다.
(7) 정당한 이유 없이 애인이나 배우자의 정절에 대해 반복적으로 의심한다.[32]

대부분의 사람들이 상담하기를 꺼리는 이유 중 하나가 비밀 누설에 대한 두려움인데, 이와같이 상담 과정에서 내담자와 상담자 사이에 신뢰감을 구축하는 것은 특히 상담 초기 과정에서 필수적입니다.

14. 항상 견딤

건강한 인격을 가진 사람은 미래에 대한 희망과 소망을 잃지 않고, 삶의 여러 스트레스와 더불어 싸우고 감당해 나가며, 삶을 결코 포기하지 않습니다. 그는 비록 현재의 삶이 불행하게 보인다고 할지라도 낙망하거나 좌절하지 않으며, 조급하고 충동적인 결정을 내리지 않고, 기다릴 줄 압니다. 그의 인격은 취약하지 않고 쉽게 무너지지 않으며, 견뎌 낼 수 있는 내구성(endurablity)을 가지고 있습니다. 특히 건강한 인격을 가진 크리스찬은 비록 그의 삶이 질그릇과

---

32) 앞의 책, 301.0, pp.637-638.

같이 깨어지지 쉬운 삶일지라도 그 그릇 속에 보화이신 예수 그리스도가 있기 때문에 답답한 일을 만나도 낙심하지 않으며, 사방으로 우겨쌈을 당하여도 싸이지 않고, "심히 큰 능력은 하나님께 있고 우리에게 있지 아니함을" 알고 삶을 살아갑니다(고후 4:7~8 참조). 그리고 그는 "환난은 인내를, 인내는 연단을, 연단은 소망을 이루는 줄"을 알기 때문에 환난 가운데서도 기뻐하는 삶을 살아갑니다(롬 5:3~4 참조).

맺는 말

앞에서 살펴본 바와 같이 고린도전서 13장 4절에서 7절까지에 나타난 사랑의 속성은 정신 의학에서 분류하고 진단하는 인격 장애와 밀접한 관계가 있음이 분명해졌습니다. 열 가지 인격 장애 중에서 여덟 가지의 인격 장애와 관련 지어 살펴보았고, 분열형 인격 장애(schizotypal personality disorder)와 경계선 인격 장애(borderline personality disorder)와는 직접적인 관련성이 적기 때문에 구체적으로 언급하지 않았습니다. 하지만 이 두 가지 인격 장애들의 각각의 증상들은 부분적으로 앞에서 언급한 장애와 공통적으로 나타난다는 점만 지적하고 더 이상의 언급은 하지 않겠습니다.

열 네 가지 형태의 사랑의 속성을 통해서 볼 때, 정신 의학에서 사용하는 열 가지 인격 장애의 진단 기준이 인간의 병리적인 인격성을 다 섭렵하지 못한다는 것이 분명합니다. 특히 스코트 펙이 제안했듯이 악의 증상이 두드러지는 인격에 대한 독립적인 진단 기준과 범주가 필요하다고 생각합니다. 그러나 서론에서 지적했듯이 특별 계시인 성경과 일반 계시의 일부인 정신 의학이나 심리학 사이에는 풍부한 대화의 장이 열려 있음을 이 글을 통해서 밝히려고 애썼습니다.

목회 현장에서 목회자들은 자신이 가지고 있는 인격 장애에 대한 자각과 더불어 성도들이 가지고 있는 인격 장애의 모습을 진단하고 이해하며 구체적으로 도울 수 있어야 할 것입니다. 건강하지 못한 인격에서 건강하지 못한 신앙의 열매들이 맺힐 수 있는 위험성이 높기 때문에 길가와 같은 마음, 돌밭과 같은 마음, 가시밭과 같은 마음의 상태를 진단하고 기경하며 치유하여 옥토와 같은 건강한 인격을 일구어 갈 때 복음의 능력이 삼십 배, 육십 배 혹 백 배로 나타나는 역사를 맛볼 수 있을 것입니다.

6장

가계 저주론과 목회 상담

낮에는 여호와께서 그의 인자하심을 베푸시고 밤에는 그의 찬송이 내게 있어
생명의 하나님께 기도하리로다(시 42:8).

메릴린 히키의 「가계에 흐르는 저주를 끊어야 산다」라는 책이 1997년에 번역 출간되어 기독교계 서점에서 베스트 셀러로 자리를 잡으면서 한국 교회 내에서는 가계 저주론에 대하여 세 가지 상반된 반응이 생겨났었습니다. 가계 저주론을 신념처럼 받아들이는 사람들과 비판적인 시각을 가지고 있으면서도 타당성을 일부 인정하는 사람들과 가계 저주론을 배격하는 사람들의 반응이 그것입니다. 시대적인 관심을 반영하듯이 「소금과 빛」은 1998년 9월호에 "세대에 걸쳐 흐르는 저주를 끊어라"라는 특집 주제를 다루었습니다.[33] 「가정과 상담」에서는 1998년 10월호에서 가계 저주론에 대한 이윤호 선교사와 한세대 고병인 교수의 찬반 양론을 실었습니다.[34] 또한 「교회와 신앙」은 1999년 10월호에서 가계 저주론에 대해 비판적인 입장에서 여러 학자들의 글을 다루었습니다.[35] 한국 목회 상담학계에서도 가계 저주론에 대하여 우려하게 되었던 일들이 있었습니다. 가

---

33) 김혜자, "구원 그 이후, 축복의 문을 열어라"; 신디 제이콥스, "성경에 나타난 가문의 축복과 저주"; 박정관, "진정한 복은 하나님과의 사귐이다"; 목창균, "세대에 흐르는 저주는 성경적인가"; 이윤호, "세대에 흐르는 저주, 이렇게 끊어라"; 존 에크하르트, "저주를 끊는 기도문"; 안석모, "저주라는 틀 속의 책임회피를 우려한다."
34) 고병인, "저주, 그것은 건강케 하는 종교인가, 병들게 하는 종교인가?" pp.66-70; 이윤호, "가계에 흐르는 저주를 끊어야 산다: 성경적·임상적 타당성의 조명 및 실제적 적용," pp.71-77. 고병인의 글은 가계 저주론의 환원주의적 접근을 비판한 장점이 있지만 전체적으로, 세부적으로 비판하지는 않았다는 한계점을 가지고 있습니다.
35) 김철홍, "한국 교회에 흐르는 '가계 저주론'을 이렇게 끊어라," pp.124-137; 오광만, "가계에 흐르는 저주 이론은 과연 성경적인가?" pp.116-131; 정훈택, "이윤호의 '가계 저주/치유론' 비판," pp.132-151. 오광만은 구약학자로서, 정훈택은 신약학자로서 가계 치유론이 가지고 있는 성경 해석상의 문제점을 잘 지적하고 있으며, 풀러신학교에서 신약학 전공으로 Ph.D. 과정 중인 김철홍 역시 신약학의 관점에서 그리고 실천 신학적인 관점에서 심도 있게 비평하였습니다.

계 저주론의 열기가 다소 식은 듯한 현 시점에서 보다 차분하게 목회 상담학자로서 가계 치유론을 이해하며 비평하고자 합니다.[36] 그래서 교회 교육 현장에서 교사들과 학생들에게 올바른 인간관과 세계관, 신관을 형성하는 데 도움을 줄 수 있기를 바랍니다.

1. 환원주의적 인간 이해와 가계 저주론

인간을 이해하려는 시도로 생겨난 학문은 심리학과 정신 의학을 비롯하여 철학, 사회학, 생물학, 문화 인류학 등이 있습니다. 각 학문에도 여러 다양한 이론들과 학설들이 존재합니다. 각 이론은 기존의 이론들을 뒤엎기도 하고 보완하기도 하며 간혹 전혀 새로운 이론을 제시하기도 합니다. 각 이론은 나름대로 그 이론의 틀 속에서 인간의 내면과 외부적인 행동을 해석하려고 시도하며, 종종 각 이론가와 학파는 그들의 이론이 최고의 이론이라고 주장하기도 합니다. 자연계 현상을 이해할 때에도 거시 이론(macro-theory)과 미시 이론(micro-theory)으로 나눌 수 있듯이, 인간을 이해하는 접근에도 거시 이론과 미시 이론으로 나눌 수 있습니다. 각각의 미시 이론과 거시 이론에도 다양한 이해와 이론들이 존재할 수 있습니다. 그런데 어떤 미시 이론을 가지고 마치 전체 현상을 다 아우를 수 있는 것처럼 설명하고 해석하려는 것을 환원주의적 접근(reductionistic

---

36) 필자는 히키의 책과 이윤호의 글이 성경 해석상으로도 많은 문제점을 가지고 있는 것을 발견했지만 이 점에 대해서는 이미 오광만, 정훈택 그리고 김철홍의 글에서 잘 지적하였기 때문에 여기서는 언급하지 않을 것입니다. 책으로 출간된 것으로는 소재열, 〈가계에 흐르는 저주, 성경적인가?〉(생명의말씀사 역, 1999)를 참조하십시오.

approach)이라고 부릅니다. 각 미시 이론조차도 그 이론 자체가 가지고 있는 잘못된 전제와 한계점으로 인하여 비판을 받기도 합니다.

인간을 이해할 때 거시 이론으로부터 출발하여 미시 이론으로 나아가는 연역적인 방법이 있고, 미시 이론으로부터 출발하여 거시 이론으로 나아가는 귀납적인 방법이 있습니다. 거시 이론에서 출발하여 미시 이론으로 나아가는 경우, 거시 이론의 패러다임에 오류와 왜곡이 있을 때에는 미시 이론도 오류와 왜곡이 불가피하다는 한계점을 안게 됩니다. 역으로, 미시 이론으로부터 출발하여 거시 이론으로 나아갈 경우, 미시 이론이 가지고 있는 나름의 한계점과 각 미시 이론의 전제와 방법과 결과를 전체적으로 아우를 수 있는 통합적인 거시 이론을 만들어 내는 것이 현실적으로 어렵다는 한계점을 안고 있습니다. 기독교적인 심리학 이론을 독창적으로 만들어 내려는 시도가 미국에서 복음주의 계열의 심리학자들간에 있다는 이야기를 최근에 남침례교신학교의 목회 상담학 교수인 리 칸버(Leigh Conver)로부터 들은 적이 있습니다. 이 접근은 기독교적인 인간관과 세계관 그리고 신관에 바탕을 둔 거시 심리학 이론을 형성하고, 그 다음에 세부적인 미시 심리학 이론으로 나아가려는 시도입니다. 그러나 존스와 버트만(Stanton Jones, Richard Butman)이 지적했듯이, 현재로서는 심리학의 모든 이론들을 아우를 수 있는 기독교적인 심리학 이론이 마련되어 있지 않기 때문에 각 이론의 전제와 접근에서의 충돌을 피할 수 있는 범위 내에서 각 이론의 장점들을 최대한 살려 사용하는 취사 선택적인 접근(eclectic approach)이 최선의 방안이라고 볼 수 있습니다.[37]

---

37) 스탠톤 존스, 리처드 버트만, 〈현대 심리 치료법〉, 이관직 역(총신대학 출판부, 1995), p.504.

필자의 판단으로는 가계 저주론은 인간의 삶을 이해하는 한 미시 이론이 될 수는 있다고 봅니다. 비록 그 안에 여러 가지 전제의 오류와 성경 해석상의 문제점을 안고 있지만 인간의 병리성을 이해하는 통찰을 일부 가지고 있음을 부인하고 싶지는 않습니다. 정신 의학에서는 인정하지 않는 귀신 들림의 영역이 있음을 필자는 인정합니다. 그러나 가계 저주론자들은 귀신 들림을 진단하고 구마(驅魔) 작업하는 과정을 일반적인, 자연적인 병리 현상에까지 확대하고 있다고 여겨집니다. 필자가 가계 저주론에 대하여 우려하는 것은 매우 제한적이며 전제상의 오류를 가지고 있는 한 미시 이론을 마치 인간의 삶 전체를 이해할 수 있는 거시 이론인 것처럼 과장하며 왜곡하는 것입니다.

가계 저주론의 접근은 인간 이해와 세계관 그리고 신관에 있어서 매우 환원주의적이며 심지어는 왜곡되어 있는 것을 발견하게 됩니다.[38] 하나님의 형상으로 창조된 인간을 전인격적으로 이해하지 못하고 주로 영적인 차원과 초자연적인 차원에서 이해하려고 하는 점에 있어서 환원주의적입니다. 세계관에 있어서도 비록 아담과 하와의 원죄로 인하여 피조물도 함께 저주를 받는 상태에 놓여 있지만 예수 그리스도를 통하여 인간과 만물을 회복하며 새롭게 하시고 하늘과 땅의 주인으로서 "만물이 주에게서 나오고 주로 말미암고 주에게로 돌아감이라"(롬 11:36)는 진리의 말씀을 놓쳐 버렸다는 점에서 환원주의적인 면이 발견됩니다. 가계 저주론은 세상이 주로 악으

---

38) 관련된 서적은 다음과 같습니다: 메릴린 히키, 〈가계에 흐르는 저주를 끊어야 산다〉, 최기운 역(베다니, 1997); 메릴린 히키, 〈가계에 흐르는 저주를 축복으로 바꾸시는 하나님〉(은성, 1998); 이윤호, 〈가계에 흐르는 저주를 이렇게 끊어라〉(베다니, 1999); 레베카 브라운, 데니얼 요더, 〈뜻 모르게 당하는 고통, 풀리지 않은 저주 때문이다〉(나침반, 1998).

로 들끓고 마귀의 지배하에만 놓여 있는 것처럼 묘사하는 점에서, 온 우주의 주 되시며 만주의 주가 되시는 하나님의 통치가 하늘에서 이루어지는 것같이 이 땅 위에서도 이루어지고 있음을 놓치고 있습니다. 가계 저주론은 신관에 있어서도 환원주의적입니다. 하나님은 악인들에게까지도 은총을 베푸시며 악인에게도 햇빛과 비를 주시고, 여호와를 경외하는 자에게는 천 대까지 복을 주시겠다고 약속하시며, 노하기를 더디하시고 긍휼과 자비가 풍성하신 분인데, 그런 하나님의 속성보다는, 심판하시고 저주하시며 보복하시는 하나님에게 강박적으로 초점을 맞추고 있는 점에서 환원주의적이며, 성도들에게 하나님에 대한 왜곡된 이미지를 형성하여 반(反)치료적이 될 수 있는 위험성을 안고 있습니다. 그리고 그것은 안 좋은 일, 악한 일, 잘 안 풀리는 일들은 마귀에게 그 원인을 돌린다는 점에 있어서 하나님 중심적인 신학에 기초한 치유책이라기보다 마귀에게 필요 이상으로 강박적으로 집착하여 원인을 진단하고 치료책을 제시하는 이론과 철학입니다.

씨 에스 루이스(C. S. Lewis)는 귀신 들림을 이해할 때 크리스찬들이 피해야 할 두 가지 위험을 잘 지적하였습니다. 하나는 마귀나 그의 졸개들인 귀신들의 역사에 대하여 전혀 무관심하거나 아예 없다고 생각하는 것입니다. 이 같은 이해는 현대 일반 정신 의학자들에게서 찾아볼 수 있습니다. 예를 들면, 귀신 들림이란 존재하지 않으며, 귀신 들림으로 해석되었던 것은 정신 분열증 혹은 크게는 정신병이라는 것입니다. 다른 위험성은 마귀의 사역에 필요 이상으로 관심을 가짐으로써 마귀의 사역이 아닌 것까지도 마귀의 것으로 돌리며, 삶에서 마귀에게 매이며 두려움을 가지고 살아가는 것입니다. 이 같은 경우에는 삶을 살아가면서 하나님 중심적으로 사고하며 행동하기보다는 마귀 중심적으로 사고하며 행동하게 될 위험에 빠질 수 있습니다. 이것은 하나님이 원하시는 삶이 아니며, 성경이 우리에게 가르치는 바도 아닙니다.

2. 생물학적 · 심리학적 · 영적 인간 이해

인류 역사를 통하여 볼 때 인간의 병리성을 이해하려는 접근은 크게 세 가지로 나뉘어 진행되어 왔는데 그것은 영적으로, 생물학적으로 그리고 심리학적으로 이해하려는 것이었습니다. 시대에 따라 어떤 한 접근을 우세하게 받아들여서 병리적인 인간을 치료하려고 애썼고, 현대에도 그 같은 접근은 계속되고 있습니다. 의학이 발달하기 전 고대 시대에는 사람들이 인간의 질병이 악신 혹은 마귀의 역사 때문에 발생한 것이라고 이해하였습니다. 그래서 나타난 사상이 샤머니즘이었고, 육체적이거나 정신적인 병을 치료하기 위해서 샤만이 악신을 달래거나 마귀를 내쫓는 의식을 행하였습니다. 우리 나라에서도 무당이 굿을 통하여 악신을 내쫓고 질병을 낫게 하는 의식을 전통적으로 행해 왔습니다. 그래서 한국인들의 집단 의식 속에는 샤머니즘이 뿌리 깊게 박혀 있습니다. 기독교 신앙을 받아들인 후에도 집안의 길흉에 대해서 점을 치거나 운세를 보며, 좋은 날을 택일하여 결혼하거나 이사하는 교인들이 있습니다. 한국의 기독교인들의 신앙 생활에는 기독교 신앙과 샤머니즘이 접목되어 복음과 샤머니즘이 구별이 안 될 정도로 교회 환경 속에도 상당히 깊숙이 들어와 있습니다.

히키의 책이 22쇄라는 폭발적인 인기를 누리며 팔려 나간 것은 그의 말이 샤머니즘적인 문화 속에서 자라온 한국인의 심리에 설득력 있게 다가왔기 때문이라고 생각합니다. 불과 100여년 전에는 한국인 모두가 조상을 숭배하고 제사를 지냈으며, 불교의 문화적 영향과 무교의 영향, 남존 여비 문화, 양반과 상놈의 문화, 한의 문화 등이 뒤섞여 있어서, 가계 저주의 틀에서 볼 때 거의 모든 가정과 사람들이 3~4대만 거슬러 올라가면 현재의 '좋지 못한 증상'을 나름대로 설명할 수 있는 '원인'들을 가지고 있기 때문에 매우 쉽게 수용되는 것입니다. 거기에다가 그럴듯하게 보이는 성경 구절들을 근거로 제시하니까 '혹시', '아마' 또는 '분명히'의 반응의 차이점은 있겠지만 웬만한 크리스챤은 설득을 당하게 되는 것입니다. 게다가 관련된 책들이 기독교인들에 의하여 날개 돋힌 듯이 팔려 나가는 것이 이윤호와 가계 저주론을 수용하는 사람들에게 소위 '임상적인' 확신을 갖게 하는 '강화제'(reinforcer) 역할을 했을 것입니다. 김철홍은 샤머니즘과 가계 저주 이론의 관계성을 잘 설명하고 있습니다.

> 우리는 이목사[이윤호]의 가계 저주론이 왜 한국 교회에서 그동안 큰 저항 없이 쉽게 받아들여지고 있는지를 이해할 수 있는 단서를 발견한다. 위에서 살펴본 것처럼 그의 가계 저주론이 결코 복음에 부합하지 않는데도 왜 많은 기독교인들은 그의 가르침을 쉽게 받아들이는 것일까? 필자는 그 이유를 많은 한국인들의 심성에 깊이 뿌리 박힌 샤머니즘적 세계관 때문이라고 본다. 저주/축복의 이분법, 흉을 길로 바꾸기 위해 푸닥거리를 통한 액땜을 하도록 가르치는 이 무속 신앙은 신자이거나 불신자이거나 상관없이 많은 한국인들의 마음속에 깊이 자리 잡고 있다…… 많은 사람들이 한국 교회 안에 있는 '기복 신앙'이 샤머니즘적인 세계관에서 비롯되었음을 동의하는데, 가계 저주론은 복을 비는 것이 아닌 저주를 끊는 것에 관심을 가지고 있으므로 겉으로 보기에는 기복 신앙과 정반대되는 것 같아 보이나, 실제로는

같은 뿌리를 가지고 있는 것으로, 샤머니즘에서 생겨난 또 다른 변종인 것이다. 다시 말해 기복 신앙과 가계 저주론은 샤머니즘의 아들이요 딸이며 난형난제의 관계에 있는 것이다.[39]

그는 "이 목사는 샤머니즘 토양의 선교지에서 기독교 선교사가 해야 할 일을 자처해서 교회 안에서 하고 있다. 그는 복음을 가지고 교회 밖으로 나가지 않고, 거꾸로 샤머니즘을 가지고 교회 안으로 들어와서, 기독교 복음을 가장한 샤머니즘의 메시지를 유포시키고 있다"라고 이윤호의 가계 치유 이론을 날카롭게 비판하였습니다.[40]

정신적인 혹은 심리적인 병리 현상을 귀신 들림으로 오해하여 빚어졌던 역사적인 오류가 중세 시대에 교회가 자행했던 '마녀 사냥'이었습니다. 15세기부터 17세기에 걸쳐서 유럽의 여러 나라에서 일어났던 이 마녀 사냥은 흥미롭게도 르네상스 시대에 걸쳐 있었습니다. 인문주의적 접근이 정신적인 병리 현상을 설명하는 데까지는 미치지 못했던 것입니다. 마녀 사냥의 과정을 다음에서 잘 표현하고 있는데, 가계 저주론의 접근과 공통적인 부분이 있습니다.

홍수와 전염병, 흉작, 사산, 절름발이 말 즉 좋지 않고 설명할 수 없는 모든 사건들은 마을에 사는 불운한 사람이 우연히 이상한 행동을 하면 그것이 무엇이든지 간에 그 탓으로 돌렸던 것이다. 그리고 정신 장애자들은 그들이 가증한 죄를 범했거나 특이하며 금지된 의식에 참여했다고 자주 생각하기 때문에, 의혹을 받았던 많은 사람들이 그들의 죄목으로 붙여진 것이 무엇이든지

---

39) 김철홍의 글, p.132.
40) 앞의 글, p.133.

자발적으로 고백했다는 것은 그리 놀랄 만한 일이 아니다. 그들이 고백하지 않을 때에는 고백할 때까지, 그리고 자주 다른 사람들을 연루시킬 때까지 고문이 가해졌다. 일단 고백을 얻어 낸 다음에는 즉결 심판에 회부되고, 이어서 교살하거나 교수형이나 참수형 혹은 화형을 시켰다.[41]

정신병과 심리적인 병에 대한 무지 때문에 유럽 전역에서 수만을 헤아리는 무고한 생명들이 죽어 갔던 사건은 병리 현상을 초자연적인 영적 원인에서만 찾는 접근이 가질 수 있는 위험성을 깨우치는 역사적 교훈을 여전히 오늘의 우리에게 주고 있습니다.

물론 성경은 초자연적인 악령의 역사를 무시하지 않으며, 특히 예수님의 사역에서 귀신을 쫓아내는 사역을 기록한 본문이 공관복음의 여러 곳에서 발견되며, 사도행전에서도 사도들이 귀신을 쫓아낸 기록이 나타나 있습니다. 오늘날에도 귀신 들림의 현상이 여전히 나타나고 있음을 필자는 인정합니다. 또한 가계 저주론의 관점에서 볼 때 가정이 저주받은 것이 아닌가 할 정도로 세대별로 병리성을 지닌 내담자들을 필자는 상담 현장에서 만나기도 합니다. 그러나 많은 육체적인 질병과 정신적인 질병을 초자연적인 틀 속에서 이해하려는 것은 환원주의적이며 따라서 위험할 수 있음을 지적하고 싶습니다.

현대 의학의 아버지라고 불리는 히포크라테스는 체액설을 통하여 인간의 성격과 병리성을 설명하려고 시도하였고, 그의 생물학적인 인간 이해는 오늘날에도 정신 의학에서 여전히 그 영향력을 발휘하고 있습니다. 19세기말과 20세기초에 활동했던 정신 분석학자 프로이트는 정신적인 질병을 생물학적으로 이해하려는 당시의 의학계에

---

41) Richard R. Bootzin, *Abnormal Psychology : Current Perspectives*, 3rd ed. (New York, NY: Random House, 1980), p.16.

서, 심리적인 원인으로 신체적인 증상이 올 수 있음을 발견했던 인물이었습니다. 그러나 현대의 정신 의학은 전반적으로 다시 생물학적인 인간 이해로 돌아가고 있고, 유전자연구와 뇌의 신경 전달 물질의 분비 체계의 장애를 정신적인 장애의 원인으로 찾고 있으며, 따라서 약물 치료를 선호하고 있습니다. 항우울제와 항정신제가 많이 개발되고 있으며, 그 약들은 증상을 완화시키거나 완전히 소멸시키는 등 나름대로 임상적인 효과를 나타내고 있습니다.

한때 유럽을 휩쓸었던 전염병인 흑사병은 그 원인이 쥐가 옮기는 바이러스 때문이었습니다. 생물학과 일반 의학의 발달로 인하여, 전에는 하늘의 저주를 받은 자들로 여겨졌던 나병 환자들이 '한센씨병'을 앓고 있는 환자로 여겨지게 되었고, 수많은 바이러스 때문에 인간에게 신체적으로 정신적으로 병이 생겨 날 수 있음을 깨닫게 되었으며, 따라서 전에는 저주받은 것처럼 여겨졌던 병들도 치료받을 수 있는 길이 생기게 되면서 인간 이해의 폭이 넓어졌습니다. 불치의 병으로 알려졌던 암도 조기에 발견하면 완전히 치료할 수 있는 길이 열렸고, 저주의 병으로 알려진 에이즈도 곧 치료약이 개발될 수 있을 것이라고 합니다. 생물학적인 이해를 통해서 볼 때 이 땅에서 살아가는 동안에 신자나 불신자나, 하나님의 복을 받은 자나 소위 '저주받은 자'나 마귀의 '저주를 받은 자' 모두가 여러 가지 원인에 의하여, 치료될 수 있는 병에 걸리기도 하고 때로는 불치의 병에 걸리기도 합니다. 저주를 받은 자가 아니더라도 조산이나 사산을 할 수도 있으며, 태어나면서 기형으로 태어나기도 하고, 살아가면서 장애자가 되기도 하고 실명을 할 수도 있으며, 교통 사고를 당하여 부상을 입거나 사망할 수도 있으며, 건물이 붕괴되어 죽을 수도 있으며, 자연 재해로 죽을 수도 있는 취약성을 가진 존재가 인간이라는 점을 수용하는 삶의 태도가 필요합니다. "죄의 삯은 사망이다"라는 말씀처럼, 원죄를 범한 후로 이 세상에서 사는 인간들은 완전한 하나님 나라가 임하기까지 눈물과 슬픔으로부터 자유로울 수 없고 죽음으로부터 자유로울 수 없는 환경 속에서 살아가고 있습니다. 이러한 인간의 실존에 대해서 폭넓게 이해하는 태도가 필요합니다. 삶의 위기는 신자나 불신자 모두에게 찾아올 수 있으며, 예수님이 타신 배에도 폭풍이 찾아올 수 있다는 평범한 진리를 잊어서는 곤란합니다. 가계 저주론자들은 바울의 육체에 있었던 사탄의 가시를 가계에 흐르는 저주로 이해할까요? 그렇다면 세 번이나 간구했던 바울의 기도를 듣지 않으시고 "내 은혜가 네게 족하도다 이는 내 능력이 약한 데서 온전하여짐이라"고 말씀하셨던 하나님의 말씀을 어떻게 설명해 낼 수 있을지 궁금합니다(고후 12:9a 참조).

가계 저주론자들의 주장이 객관성과 논리성을 갖추려면, 사탄을 저주하고 축사하는 작업이 없이도 치명적인 병으로부터 회복되기도 하고, '풀리지 않던' 가정이 '풀리기' 시작하고, 이혼 직전에 있던 부부가 상담의 과정을 통하여 화해하고, 알콜 중독으로부터 자유롭게 되며, 정신적인 장애로부터 회복되는 것을 설명할 수 있어야 합니다. 그리고 그들은 유전적인 면에 대해서도 주장하는데, 유전적이라고 할 때에는 그 다음 세대에서 거의 예측할 수 있게 동일한 증상이 반복되어야 하며, 환경적인 요인이 없이도 일어나야만 합니다. 부모나 조상의 저주받은 것을 역으로 저주하고 회개하는 과정이 없이도 알콜 중독자의 자녀들 중에서 알콜을 전혀 사용하지 않는 자녀들도 많이 있는데, 이것은 어떤 특정한 한 자녀만 희생양이 되어 저주가 전수된다는 말로 이해해야 하는 것일까요? 히키나 이윤호는 '유전적'이라는 말을 잘못 사용하고 있는 듯합니다. 정신 의학에서는 정신 분열증을 설명할 때 유전적이라고 표현하지 않습니다. 오히려 소인성(predisposition) 혹은 취약성(vulnerability)의 개념으로 설명합니다. 즉 부모가 정신 분열증 환자일 때 그 자녀들은 일반 가정의 부모 밑에서 자란 자녀들보다는 정신 분열증에 걸릴 수 있는 소인성이 높다는 것입니다. 그러나 소인성이 있다고 해서 반드시 정신 분열증에 걸리는 것은 아닙니다. 외부적인 스트레스가 어느 정도 있어야만 정신 분열증이 발생한다고 보기 때문입니다. 암에 걸리는 것도, 우울증에 걸리는 것도 단지 한 가지 원인만으로 걸리지는 않습니다. 여러 가지 복합적인 원인들이 어우러질 때 병리화되는 것입니다.

  귀신 들린 사람들의 경우, 정신과적인 처방으로는 완전히 회복되지 않습니다.[42] 이미 정신과적인 질환을 동시에 가지고 있기 때문에 어느 정도까지는 도움을 받을 수도 있겠지만, 귀신이 그 사람의 인격을 통제하는 한 그 사람은 그 증상으로부터 자유로울 수 없습니다. 마찬가지로, 어떤 신체적인 병이나 정신적인 장애 혹은 집안의 우환이 가계에 흐르는 저주 때문이라면 그 저주가 풀어지지 않는 한 어떤 방법으로도 효과가 없어야만 할 것입니다. 아마도 그래서 이윤호가 모든 시도를 다 해보고도 효과가 별로 없을 때에는 가계에 흐르는 저주가 있다고 여겨도 좋다고 말하는지 모르겠습니다. 그러나 필자가 우려하는 것은 일반 은총 영역에서 치료할 수 있는 부분까지도 쉽게 가계 저주로 해석하고 그 쪽으로 의존하려는 경향입니다. 히키의 책이나 이윤호의 글을 읽어 보면 암 병동이나 정신과 병동에 다니면서 귀신을 저주하고 결박하는 일을 해야 할 것 같고 모든 집마다 모든 공간마다 마귀를 쫓아내는 의식을 해야 하며 조금이라도

---

42) 정신과 치료의 경우에도 완벽하게 치료되는 경우는 많지 않습니다. 예를 들면 정신 분열증의 경우에 조기에 진단된 경우, 항정신제 약물 복용을 통하여 전체 정신 분열증 환자의 약 삼분지 일은 거의 완전히 치료되는 반면, 병이 재발되고 만성화되는 약 삼분지 일은 약을 평생토록 복용해야 비교적 정상적인 생활을 할 수 있습니다. 나머지 삼분지 일의 환자들은 항정신제로도 별 치료적 효과를 보지 못하고 평생 입원 치료가 필요한 경우입니다.

의심이 가는 물건이나 장소에는 접촉하면 안 될 것 같은 강박성에 사로잡히는 느낌을 받습니다. 가계 저주론을 추종하는 어떤 사람이 자신이 아는 교인 집에 가서 그 집에서 기르는 애완 강아지에게 귀신이 들어가 있으니까 집에서 쫓아내든지 남을 주든지 하라고 권면하자 그 교인이 그 강아지를 끔찍히 사랑하는 아이가 학교에 등교한 사이에 개를 애완견 가게에 팔아 버려서 아이의 마음에 깊은 상처를 주었다는 이야기를 들은 적이 있습니다. 이 같은 식으로 접근하게 되면 집안에 조금만 어려운 일이 생겨도 조상의 죄나 저주 때문에 그런 것이 아닌가 하고 두려움을 느끼게 되며, 부부간에 조금만 갈등이 생겨도 각자의 책임을 회피하고 귀신이 집에 역사하고 있다고 투사하게 될 위험이 높습니다. 이렇게 되면 성도들의 삶이 강건해지기보다는 '저주'라는 틀 속에 강박되어 삶의 조그만 사건도 귀신이나 저주와 결부하여 생각하게 되고 그 생각을 떨칠 수가 없어서 오히려 두려움에 빠지며, 그로 인하여 신앙적인 성장과 인격적인 성숙이 일어나지 못하고 늘 그 자리에서 맴돌거나 뒤로 퇴행하게 될 위험이 높아지는 것입니다.

필자는 메릴린 히키나 이윤호가 세상에서 일어나는 모든 육체적인 병이나 교통 사고로 다치거나 사망하는 모든 사건이나 불행이 가계에 흐르는 저주 때문에 발생하는 것이라고 주장한다고 생각하지는 않습니다. 필자는 이윤호가 "현재까지 논의된 것은 일종의 원리를 언급한 것이지, 과학에서 말하는 인과 응보의 절대 법칙이 아닌 것을 기억할 필요가 있다. 또한 모든 현상을 하나의 이론으로 다 설명할 수 없다"[43]라고 그 한계점을 인정한 점을 긍정적으로 평가하고

---

43) 이윤호, "가계에 흐르는 저주를 끊어야 산다: 성서적, 임상적 타당성의 조명 및 실제적 적용," 〈가정과 상담〉 (1998년 10월호), p.74. 이하 이윤호의 글은 이 글을 토대로 비판하였습니다.

싶습니다.⁴⁴⁾ 그들 나름대로 삶의 경험을 통하여 사람들을 돕는 과정에서 그들이 고민하며 씨름하였던 부분을 가지고 성경 말씀을 읽었을 것이고, 그들의 임상적인 상황에 부합되는 본문 구절들을 뽑기 시작했을 것이며, 나름대로 체계를 형성하여 이론화시켰을 것입니다. 또한 확신을 가지고 임상적 상황에 적용해 보면서 나름대로 효과를 보았기 때문에 책을 쓰기도 하며, 비난을 무릅쓰면서까지 자신들의 견해를 알리려고 했을 것으로 봅니다.

히키의 경우에는 평신도이지만, 이윤호의 경우에는 미국 남서침례교신학교에서 신대원 과정을 졸업하고 풀러신학교에서 선교학 전공으로 박사 학위까지 받은 목사입니다. 필자는 그런 그가 가계 저주론을 통하여 성도들을 고의적으로 미혹하려는 의도를 가지고 있다고는 생각하지 않습니다. 오히려 설명할 수 없는 삶의 여러 가지 실존적 위기에 빠진 사람들을 돕고자 하는 안타까운 마음에서 몇 사람의 영향을 받아 그 나름대로 고심하며 발견해 낸 일종의 '진리'(?)라고 확신하기 때문에 교회 공동체를 향하여 '선교적인'(?) 마인드를 가지고 접근한 것이 아닐까 추측해 봅니다. 상담 현장에서 사람들을 돕고 있는 필자는 아픔을 겪고 있는 사람들을 돕고자 하며 치유하고자 애쓰는 그와 그의 이론을 추종하는 사람들의 선의에 대해

---

44) "내적 치유 임상 경험(1999년 11월 25일 현재 그룹 치유 82회차 1225명)을 통해 얻은 잠정적 결론은 **대부분** 가계에 흐르는 대물림 되는 속박과 저주가 있으며 가계 치유 사역을 통해 풀리지 않은 숙제와 속박들이 끊어졌다는 사실이다"(김종주의 글, 10; 고딕체는 필자의 것임)라고 표현하는 김종주의 표현에 대해서는 필자는 우려를 표명하고 싶습니다. 가정 사역의 틀 속에서 그룹 치유에 참여한 대부분의 참여자들에게 가계에 흐르는 속박과 저주가 있었고 가계 치유 사역을 통해서 그 저주가 끊어졌다고 주장하는 것은 대부분의 병리성을 가계 저주론의 틀 속에서 해석하고 있음을 보여 주는 것입니다.

서는 긍정적으로 공감하고 싶습니다.

그러나 자신의 소위 '임상적' 경험을 토대로 현상학적인 긍정적인 결과를 내세우면서 접근할 때 갖는 가계 치유론의 태도는 마치 어떤 심리학 이론가가 자신의 임상 경험에서 효과가 있다고 여겨지는 이론을 가지고 마치 최고의 이론을 발견한 것처럼 주장하는 것과 다를 바 없습니다. 또한 임상적인 효과를 검증하려면 보다 장기적이며 과학적인 조사 과정이 필요한데, 히키나 이윤호의 접근에는 그와 같은 시도가 결여되어 있습니다.

임상적인 효과를 과학적으로 증명하기 위해서는 치료 후에 치료 대상자들에게 통계학적으로 처리할 수 있도록 만들어진 검사지를 가지고 출구 조사를 하고, 또한 시간이 흐른 후에 후속 조사(follow-up research)를 통하여 몇 퍼센트의 사람들이 구체적으로 치료되었고, 어느 정도의 치료적 효과를 경험했으며, 원래 상태로 복귀한 사람들은 몇 퍼센트가 되는지, 그 이유는 무엇인지, 결과에 대한 분석 작업이 필요합니다. 현재 가계 저주론에는 이 같은 작업이 되지 않은 것으로 알고 있으며, 따라서 이 기본적인 작업도 없이 자신들의 주관적인 경험을 토대로 '성경적'이라고 표현하는 몇몇 구절을 인용하여 설명하면서 이론화한 것은 매우 기초가 약하다고 할 수밖에 없습니다.

내담자의 문제가 가계에 흐르는 저주에 기인한다는 나름의 '통찰'(insight)을 갖게 될 때 그 문제로부터 일시적인 해방과 자유함을 경험할 수도 있습니다. 이 같은 현상은 몇 년 전 한때 국내에서 선풍적인 주목을 받았던 '전생 요법'의 경우에도 나타났습니다. 최면 속에서 정신과 의사의 암시에 따라 자신의 전생의 모습을 경험하고, 그 원인 때문에 현재의 병리적인 증상이 있다는 인과 관계적인 통찰을 경험한 뒤에, 많은 환자들이 그 증상이 씻은 듯이 없어졌다고 보고하였기 때문입니다.[45] 그 전생 요법이 지금은 많이 수그러들었는데, 일시적인 증상의 경감이나 쇠퇴가 있다고 해서 장기적인 임상 효과가 있다고 주장할 수는 없는 것입니다. 더 나아가, 현상학적인 증상의 경감을 진리의 기준으로 삼게 된다면 진리도 가변적이 될 수 있다는 위험에 빠질 수 있습니다. 마귀는 현상학적인 열매를 잠정적으로 선한 것으로 위장할 수도 있음을 잊지 말아야 합니다.

가계에 흐르는 저주를 끊고 나면 삶에서 계속 복으로만 이어지고 더 이상 어려운 일은 일어나지 않는 것일까요? 우리가 이 세상에서 호흡하는 한, 우리는 이 세상이 가지고 있는 한계성 속에서 좋은 일과 나쁜 일들을 경험하게 되며, 선한 일을 하기도 하며 악한 일을 하기도 합니다. '이미, 그러나 아직'(already but not yet)의 삶을 살고 있음을 겸손하게 인식하고, 삶을 주관하시며 우리의 큰 대제사장이 되신 예수 그리스도를 굳게 잡고 나아가는 삶의 자세가 요청됩니다. 가계 저주론이 그토록 효과적이며 중요한 사역이라면 예수 그리스도께서 병자들을 치유하셨을 때 그 같은 모델을 보이셨을 것입니다.

---

45) 김영우, 〈김영우와 함께 하는 전생 여행〉(정신세계사, 1996). 이 책은 출간된 지 약 5개월 만에 10쇄를 돌파하며 베스트셀러 대열에 올랐습니다. 그의 책 표지에는 "전생은 존재한다. 그리고 기억할 수도 있다. 이유 없는 질병과 정서 장애는 많은 경우 전생에 그 원인이 있고, 그 전생을 기억하면 치유된다"라고 주장하는 그의 말이 인용되어 있으며 "국내에 몇 안 되는 최면 요법의 전문가이기도 한 그는 국내 최초로 '전생 퇴행 요법'을 시행하여 성공을 거두고 있는 선구자적 의료인이다"라고 그를 소개하였습니다. 형태는 다르지만 가계 치유론과 전생 요법 신드롬은 유사한 패턴을 가지고 있습니다. 그가 영향을 받았던 책은 브라이언 와이스의 〈전생 요법〉이었습니다(김철호 역, 정신세계사, 1995). 와이스의 번역서 표지말을 인용하면 다음과 같습니다: "와이스 박사는 이 전생 요법을 통해 만성 스트레스, 피해 망상, 고소 공포증, 우울증, 강박증, 알콜 중독 등의 정신적 증상뿐만 아니라 선천성 비만, 관절염, 고혈압, 위궤양, 만성 두통, 알레르기, 천식, 유방암 등 난치 또는 불치로 알려진 각종 신체 질병까지 치유하는 놀라운 성과를 거두었는데 이 책은 바로 그의 치료 사례들이 담긴 생생한 임상 기록이다." 이 같은 임상적 효과는 가계 치유론자들이 주장하는 임상적 효과와 유사하다는 특징을 가지고 있다는 점을 주목할 필요가 있습니다.

복음서의 어느 곳에서도 예수님께서 귀신을 쫓아내실 때에 가계에 흐르는 저주 때문에 고통을 당하고 있다는 뉘앙스를 풍기는 것이 발견되지 않음을 명심할 필요가 있습니다. 더 나아가, 마귀와 귀신에 대한 생각에 강박되기보다는, 우리의 믿는 도리가 되시는 예수 그리스도를 깊이 생각하고(fix our thoughts on Jesus Christ) 살아갈 때, 우리와 같이 시험을 받으셨기 때문에 우리를 체휼하시고 능히 도우시는 예수를 힘입어 균형 잡힌 삶을 살아갈 수 있을 것입니다(히 3:1, 4:14~16 참조).

3. 인과 관계와 가계 저주

"콩 심은 데 콩 나고 팥 심은데 팥 난다"라는 속담은 자연 질서의 인과 관계적 면을 잘 표현해 줍니다. 예수님도 "좋은 나무마다 아름다운 열매를 맺고 못된 나무가 나쁜 열매를 맺나니"라고 말씀하셨고(마 7:17), 바울도 "사람이 무엇으로 심든지 그대로 거두리라"는 말씀을 통하여 하나님의 신실한 모습을 표현하였습니다(갈 6:7b 참조). 이와 같이 원인과 결과가 분명하게 연결되는 관계를 인과 관계라고 부르는데, 그것은 두 가지 유형으로 나누어집니다. 하나는 '단선적 인과 관계'(linear causation)이고, 다른 하나는 '복합적 인과 관계'(multiple causation)입니다. 단선적 인과 관계는 A라는 원인 때문에 B라는 결과가 왔다고 이해하는 방법입니다. 복합적 인과 관계는 D라는 결과는 A와 B 그리고 C의 원인이 복합적으로 어우러져서 발생한 것이라고 이해하는 방법입니다. 인간 이해를 이 같은 인과 관계로 설명하는 대표적인 이론은 정신 분석학이며, 한국 교회 안에서 행해지고 있는 내적 치유도 이 이론적 배경을 가지고 있습니다. 현재의 증상의 원인으로서 과거의 긍정적인 혹은 부정적인 경험이나 상처를 들고, 그것을 찾아내기 위해서 여러 가지 치료적인 방법들을 사용하며 병인에 대한 통찰(insight)을 갖게 됨으로써, 현재의 증상으로부터 완화되며 새롭게 조명할 수 있는 힘을 갖게 하는 방법이 정신 분석학의 기본적인 태도입니다.[46]

20세기 심리학의 역사에 있어서 정신 분석학의 한계를 극복해 보고자 하는 많은 이론들이 생겨났는데, 그 중에 대표적인 이론이 가족 치료입니다. 가족 치료는 전반적으로 시스템적인 접근을 하는데, 시스템적 접근의 인간 이해는 현재의 증상이나 상태를 이해할 때 단선적 인과 관계나 복합적 인과 관계로 설명하지 않고, 여러 가지의 요인들이 현재의 증상과 유기적이고 역동적으로 연결되어 있으며, 어느 한 요소는 다른 요소들과 상호적이며 유기적인 관계성을 맺고 있고, 한 부분의 변화는 다른 부분들에 변화를 야기시키며 영향을 서로 주고받는다고 이해하는 것입니다. 특히 생태학적인 관계 속에서 한 사람이 가지고 있는 현재의 병리성을 해석하려고 시도합니다. 예를 들면, 가족 치료의 관점에서 가계의 저주를 경험하고 있는 사람의 삶을 이해하려고 한다면, 그 사람이 맺고 있는 가족들과의 상호적인 관계와 그 사람이 가족 속에서 맡고 있는 역할은 무엇이며, 그 가족을 넘어서는 다양한 시스템들과 어떻게 관계를 맺고 있으며, 더 나아가 국가, 환경 혹은 영적 세계와의 상호적인 관계 속에서 그 사람의 '저주받은' 삶을 해석하려고 시도할 것입니다.

---

46) 전생 요법의 경우에도 이 같은 인과 관계에 기초하고 있는데, 정신 분석학과의 차이점이 있다면 거슬러올라가는 시기가 출생기 이전까지 즉 전생까지 확대된다는 것입니다. 전생 요법은 환자에게 최면 상태에서 전생 경험을 재경험하도록(reexperiencing) 함으로써 카타르시스를 경험하게 하며, 현재의 증상에 대한 통찰을 갖게 함으로써 치료가 된다고 주장하는 것입니다. 물론 전생 요법은 기독교인인 관점에서 수용할 수 없는 접근입니다.

가계 저주론은 가족 치료와 어느 정도 관련을 맺고 있는데, 실제 상에 있어서 많은 차이점을 가지고 있습니다. 예를 들면, 가계 저주론자들은 가족 시스템 이론의 창시자인 머레이 보웬(Murray Bowen)의 여덟 가지 주요 개념 중에 '다세대간 전수 과정'(multi-generational transmission process)이 자신들의 견해를 지지한다고 말합니다. 가계도를 통하여 최소한 삼사대의 가족들의 특징을 살펴보는 시도를 하는 것은 의미 있는 일입니다. 그러나 '다세대간 전수 과정' 개념을 올바로 이해하려면 보웬의 '자기 개별화'(differentiation of self) 개념을 아울러 이해해야 합니다. 즉 한 세대의 자기 개별화 수준은 그 이전 세대의 자기 개별화 수준을 크게 벗어나지 못하고 비슷한 수준을 유지하게 될 가능성이 높으며, 따라서 그 다음 세대도 그 과정을 반복할 가능성이 높다는 것입니다. '다세대간 전수 과정' 개념은 어느 정도 결정론적인 면을 가지고 있지만, 가계 저주론처럼 결정론적인 개념은 아닙니다. 세대간에 '자기 개별화' 수준의 차이가 별로 없기 때문에 낮은 수준의 사람들은 세대를 걸쳐서 여러 가지 형태의 장애들과 병리성을 드러낼 가능성이 높은 것입니다. 즉 영적인 설명이 아니더라도 자연적인 설명이 가능하다는 것입니다. 삼사 대까지 저주한다는 말씀을 문자적으로 받아들인다면 그 저주는 결정론적으로 일어나야 합니다. 예를 들어 '음란의 영'이 그 가계에 흐른다면 매 세대마다 최소한 한 명 이상이 '외도'의 증상을 드러내야만 할 것이며, 한 세대라도 건너뛴다면 그것은 가계 저주에 해당하지 않는다고 보아야 할 것입니다. 물론 여기에서 가계 저주론자들은 마귀가 그 저주의 과정을 위장하기 위하여 한 세대 혹은 두 세대를 건너뛸 수도 있다고 변명할 수도 있겠습니다.

인과 관계에는 나름대로의 진리가 있습니다. 왜냐하면 우리의 현재의 삶은 과거와 역동적으로 관계되어 있기 때문입니다. 그러나 인간의 복합적인 면과 가정과 사회, 국가, 환경의 복합적인 면과 영적인 세계의 복합적인 면이 어우러져서 이루어지는 현상을 가계 저주라는 단선적인 인과 관계로 설명하는 것은 너무나 한계가 많은 것입니다. 그리고 가계 저주론은 너무나 개별적인 저주의 틀 속에 제한되어 있는 한계점이 있습니다. 하나님의 심판은 때로는 공동체와 사회 그리고 국가에도 나타날 수 있습니다. 그러나 하나님의 심판의 목적은 깨우치고 회복시키기 위한 것입니다. 더 나아가, 이 땅 위에서의 삶에서 "왜"라는 질문을 던질 때 우리의 삶은 항상 대답할 수 없는 삶임을 겸손히 인정할 필요가 있습니다.

4. 건강성과 병리성

이 글을 마무리하는 과정에서 필자의 조교로 있었던 30대의 선교사님이 가족과 함께 우간다에서 교통 사고로 사망했다는 슬픈 소식을 들었습니다. 가계 저주론자들은 이것도 우간다에서 역사하는 악한 영이 선교사의 사역을 방해하기 위하여 교통 사고로 죽게 만들었다고 해석하거나 그 선교사님의 가계에 흐르는 저주 때문에 사망했다고 설명할지도 모르겠지만 필자는 그렇게 받아들이지 않습니다. 가계 저주론은 삶의 희로애락의 다양하고 다채로운 국면을 수용하는 데 한계점을 가지고 있습니다. 항상 맑은 날이 지속되어야만 하나님의 복을 받은 것으로 이해하고, 구름이 끼고 비가 오며 천둥이 치는 날이 있으면 무엇인가 잘못한 것이 있거나 저주를 받은 것이 아닌가 하고 생각하는 것은 삶을 너무나 단순화시키는 오류를 범하는 것입니다. 이 땅에서 살아가다 보면 아픈 날도 있고, 스트레스를 많이 받는 날도 있으며, 부부간에 갈등을 겪는 날도 존재합니다. 때로 심각한 신체적 · 감정적 · 정신적 · 사회적 · 영적 고통을 경험할 수도 있는 것이 인간의 삶입니다.

이 땅에는 100% 건강한 인격이나 가정은 존재하지 않습니다. 또한 100% 병리적인 인격이나 가정도 존재하지 않습니다. 정상성의 개념에는 여러 가지 의미가 내포되어 있는데, 그 중 한 가지 의미는 어느 정도 평균적인 범위 안에 들어가는 것이어야 한다는 것입니다. 어느 정도의 병리성은 정상적인 사람들도 가지고 있는 것이라고 볼 때, 사람마다 정도의 차이가 있고 유형의 차이가 있을 따름이지 소위 '저주'라고 이름 붙일 수 있는 병리성은 사람마다 다 있다고 말할 수 있습니다. A라는 사람은 다른 부분들은 비교적 괜찮은데 a'라는 부분이 약하고, B라는 사람은 a' 부분과 다른 부분은 괜찮은데 b'가 약하고, C라는 사람은 a'와 b'는 괜찮은데 c'가 약할 수도 있습니다. 사람마다 약한 부분에 대하여 '명명하기'(naming) 방법을 사용하여 '음란의 영', '질투의 영', '나태의 영', '교만의 영', '불신의 영' 등으로 이름을 붙이자면 거의 모든 부정적인 현상을 마귀 혹은 귀신의 개입으로 투사하여 책임을 회피할 위험이 높아집니다.

어느 정도의 건강성을 전인격적으로 유지하게 될 때 마귀가 틈탈 수 있는 위험은 줄어들게 되며, 반대로 인격이 병리화되면 될수록 마귀의 공격에 대한 취약성은 증가하게 됩니다. 따라서 설령 마귀나 그의 졸개 귀신들의 공격을 받아 부부간에 별거나 이혼에 접어들게 되었다 하더라도 그 부부에게는 병리성이 이미 상당히 존재했다고 말할 수 있습니다. 그 취약함으로 인하여 소위 '가계 저주'의 부정적인 현상이 발생했을 때 개인의 책임을 무시하고 조상을 탓하는 것은 성숙하지 못한 사람의 태도라고 말할 수 있습니다. 즉 가계의 저주 때문에 이혼을 하게 된다고 말하는 것은 이혼 당사자들의 병리성으로 인한 책임을 회피하려는 시도입니다.

5. 과학적인 접근과 초자연적인 접근

가계 저주론이 가지고 있는 긍정적인 면은 치료 과정에서 인간에 대한 초자연적인 이해의 필요를 주장하고 있다는 데서 찾아볼 수 있습니다. 현대의 일반 의학이나 정신 의학은 인간을 자연적인 영역 내에서만 이해하려고 하기 때문에 한계를 안고 있습니다. 자연적이며 과학적인 접근이 가지고 있는 한계를 경험한 사람들에게 가계 저주론이 설득력 있게 다가서는 것을 봅니다. 가계 저주론은 현대 의학으로는 치료가 불가능한 치명적인 암환자들에게 마지막 희망으로서 초자연적인 치료책을 제시합니다. 이해할 수 없고 설명할 수 없는 현상들은 '어쩌면' 가계에 흐르는 저주 때문이라고 하는 이 이론에 의외로 많은 사람들이 관심을 갖게 되는 이유는 '어쩌면' 과학적인 인간 이해와 치료 방법이 가지고 있는 한계 때문일 것입니다.

기독교는 인간을 이해할 때 창조주이신 하나님의 피조물로서 이해하려고 하며, 하나님의 초월성과 임재성을 동시에 인정합니다. 또한 물리적인 세계뿐만 아니라 영적인 세계가 있음을 인정합니다. 인간을 이해할 때에도 단순히 생물학적인 육체로 이해할 뿐만 아니라 영혼을 가진 신체와 영혼의 합일체로서 이해합니다. 신체적인 면에는 뇌의 작용, 정신적인 활동, 심리적인 작용이 다 포함될 수 있습니다. 헬라어로 '프쉬케'(psyche)는 육체와 정신이 분리된 정신이 아니라 유기적이며 통합적인 존재를 의미합니다. 영혼(프뉴마, pneuma)은 신체가 살아 있는 동안에는 신체와 분리되지 않으면서도 구별되는 인간의 영역입니다. 인간은 '생령'(living soul)인 것입니다.

  과학적 인간 이해는 '프쉬케'에 대한 이해를 하려고 노력해 왔고, 이전 세대가 경험하지 못했던 경이로운 발견과 치료책을 제시하고 있습니다. 의학이 발달하기 전에는 원인 모를 병으로서 죽을 수밖에 없었던 병들이 이제는 원인과 처방에 있어서 올바른 진단을 할 수 있는 길이 많이 열림으로써, 가계 저주론의 패러다임으로 볼 때 "가계에 흐르는 저주"로 해석될 수 있는 병들이 그렇지 않을 가능성이 훨씬 높다는 것을 인간에게 알려 주었습니다. 소아마비를 일으키는 바이러스를 발견하기 전에는 소아마비를 가계의 저주라고 해도, 평생 동안 얼굴이 곰보가 되어 수치감을 느끼며 살아가게 했던 천연두의 원인이 발견되고 백신이 개발되기 전에는 천연두를 가계의 저주라고 명명해도 항거할 수 없었을 것입니다. 필자의 큰아이의 경우, 삼년 전에 뇌염에 걸려서 치료를 받고 퇴원할 무렵 방사선과 의사들로부터 '로렌조 오일'로 알려진 ALD병의 가능성을 배제할 수 없다는 이야기를 듣고 위기에 봉착했던 적이 있었습니다. 우리 나라에서 전체 인구중에 약 20명 정도의 어린이가 걸릴 만큼 확률적으로 매우 희귀한 병이며 완전히 치료할 수 있는 약이 개발되어 있지 않고 치명적으로 병이 진행된다는 의사의 이야기를 듣고 매우 놀랐던 적이 있습니다. 원인도 모르는 이 같은 병을 앓고 있는 아이들을 이해하는 데 있어서 과학적으로 설명할 수 없다고 해서 "가계에 흐르는 저주"로 해석하고 축귀를 한다면 그 병으로부터 치유될 수 있는 것일까요? 이 같은 패러다임을 성도들이 갖게 될 때 삶의 위기에 빠진 사람들과 그의 가족들은 수치심을 느끼게 되며 스티그마를 갖게 되어 오히려 교회 공동체로부터 상처를 받을 수도 있는 것입니다. 실제로 필자의 미국 유학 시절 둘째 아이가 수면중에 팔다리가 떨리는 현상이 일어나서 응급실에도 가고 여러 차례 검진을 받은 적이 있었습니다. 그때에 필자의 가족에게 심방 왔던 한 목사님이 응급실의 가족 대기실에서 "당신 부부에게 뭔가 문제가 있어서 하나님이 회개할 기회를 주기 위해서 이 같은 일이 일어나도록 하셨다"라고 설교하는 것을 듣고 진단을 잘못한 영적 처방이 얼마나 위험한 것임을 경험한 적이 있습니다.[47]

6. 고난의 의미와 가계 저주

크리스찬의 삶에 있어서 다가오는 예측할 수 없는 위기와 어려움은 저주하고 축출해야만 하는 것일까요? 아니, 저주하고 축출한다고 그것이 사라지는 것일까요? 크리스찬의 삶에서 고난의 의미는 무엇입니까? 믿는 자들이 오히려 고난을 당하고 핍박을 당하며, 믿지 않는 자들이 오히려 이 세상에서는 더 건강하고 사업도 잘되고 더 부유하고 부동산 투기를 해서 떼돈을 버는 것을 가계 저주론은 어떻게 설명할 수 있을까요? 주식에 투자해서 하룻밤 사이에 벼락부자가 되는 것을 하나님의 복으로 설명해도 되는 것일까요?

누구나 고난을 좋아하지는 않지만 "성도는 고난 가운데서도 즐거워하며" 핍박 가운데서도 능히 견딜 수 있는 힘을 위로부터 경험하며 살아가는 자들입니다. 복음 때문에 옥에 갇히기도 하고, 매를 맞

---

47) 하나님의 허락으로 심각한 위기 가운데 처해 있었던 욥에게 찾아온 세 친구들의 욥의 재앙에 대한 이해는 나름대로의 통찰과 지혜를 담고 있었지만 까닭 없이 하나님의 저주가 임하지 않는다고 하면서 욥에게 회개할 것을 촉구한 점에서 한계점을 가지고 있었습니다. 그들은 욥에 대한 관심과 애정으로 "삼일 동안 아무말도 못하고 재에 앉아 있을 정도로" 공감하기까지 했지만, 잘못된 진단과 처방을 했던 것입니다.

기도 하고, 톱으로 켜임을 당하기도 하고, 불태워지거나 사나운 짐승에게 물려 죽임을 당하기도 하며, 집을 빼앗기기도 하고, 고문을 당하기도 했던 삶도 외양적으로는, 이 세상의 관점으로는 저주 받은 삶으로 해석될 수 있을 것입니다. 육신적인 관점에서 보면 바울 역시 환난과 궁핍을 경험한 자였음을 인식할 필요가 있습니다. 이 세상에서 잘 '풀리는' 것과 잘 '풀리지 않는' 것은 영원한 하나님 나라의 틀에서 보면 '잠정적'인 과정일 뿐입니다. 잠정적인 과정에 강박적으로 매여서 신앙의 삶과 하나님과 세계를 해석하려는 것은 숲을 보지 못하고 나무만을 보는 강박성 인격 장애(obsessive compulsive personality disorder)의 증상과 유사합니다. 인간의 입장에서 바라볼 때에는 '저주'라고 해석할 수 있는 사건이나 삶의 모습조차도 하나님의 섭리라는 큰 틀에서 바라볼 수 있는 큰 시야가 성도들에게 필요하며, "모든 것이 합력하여 선을 이루게 하시는" 하나님의 주권을 더 의지하는 태도가 성숙한 성도들에게 필요합니다.

액을 물리치기 위하여 집에 부적이나 명태를 걸어 두거나 다른 여러 가지 방법을 사용하는 세상 사람들은 악령의 축복과 저주에 강박되어 살아가는 자들입니다. 모든 날을 지으시고 통치하시는 하나님을 섬기기보다 이사나 결혼과 같은 중요한 삶의 사건마다 길일을 택하는 것은 자유를 스스로 포기하는 행동입니다. 만약 크리스찬들이 사주 팔자를 보며 궁합을 보며 그 진단을 신앙으로 받아들이고 결정론적인 삶을 살아간다면 그것은 복음의 능력과 그리스도의 십자가의 효력을 스스로 포기하는 것입니다.

7. 병리적인 신앙과 가계 저주론

제임스 파울러(James Fowler)는 건강한 신앙과 병리적인 신앙을 구별하는 열 가지 진단 기준을 제시하였는데[48] 그 기준의 틀에서 가계 저주론의 건강성과 균형성을 살펴보는 것은 의미 있는 시도라고 생각합니다. 첫째는 '강렬성'(intensity)인데, 요한계시록의 말씀을 빌리자면 "차지도 덥지도 않은 신앙"이 아닌 "차든지 덥든지 하는 신앙"이 건강한 신앙이라는 것입니다. 이 기준에서 볼 때 가계 저주 이론은 주장하는 자들이 가지고 있는 그 신앙 체계에 대한 신뢰도가 강한 것으로 평가할 수 있습니다.

둘째는 '궁극성'(ultimacy)입니다. 참된 신앙은 '궁극적' 혹은 '근본적'인 가치를 가지고 있어야 한다는 것입니다. 이 둘째 기준에서 볼 때 가계 저주론은 보다 현세적이며 지엽적인 가치를 가지고 있나고 볼 수 있습니다.

파울러는 셋째 기준으로 '진실성'(genuineness)을 지적하였는데, 건강한 신앙 체계는 진실함과 참됨이 있어야 하며, 위장하거나 거짓으로 꾸미거나 맞지 않는 것을 고의적으로 빠뜨리거나 무시하지 않아야 하며, 과장하거나 왜곡하거나 축소하지 않아야 합니다. '진실성'의 기준에서 볼 때 가계 저주론은 성경의 가르침을 전체적으로 파악하여 복음의 진리를 그대로 드러내기보다는 주관적인 체험과 현상학적인 결과에 성경 본문을 끼워 맞추려고 하며, 자신들의 주장에 맞지 않는 말씀들은 고의적으로 혹은 무의식적으로 간과하며 성

---

[48] John M. Broughton, "The Political Psychology of Faith Development Theory," in *Faith Development and Fowler*, Craig Dystra and Sharon Parks(Eds.) (Birmingham, Alabama: Religious Education Press, 1986), p.94.

경의 텍스트를 왜곡하여 해석하고, 과학적으로 신뢰할 수 있는 임상적 결과를 제시하지 않으면서도 임상적인 효과가 있다고 주장하는 점에서 건강한 신앙 체계가 아니라고 평가할 수 있습니다.

넷째는 '중심성'(centrality)인데, 신앙의 대상(object)이 삶의 중심을 차지하고 있으면서 신앙의 핵심 내용이 '주요 관심사'가 될 때 건강한 신앙이라고 판단할 수 있습니다. 이 네번째 기준에서 평가할 때 가계 저주론은 신앙의 대상이신 하나님의 주권을 강조하기보다는 사탄과 악령의 권세에 대해서 지나칠 정도로 강조함으로써 성도들의 삶의 중심과 세계관에 있어서 하나님 중심적인 사고를 하게 하기보다는 마귀 중심적인 사고를 하게 합니다. 그리고 예수 그리스도의 십자가 복음의 회복하며 치유하며 자유케 하는 능력을 강조하기보다는 "가계에 흐르는 저주"를 더 강조함으로써 건강한 신앙에서 벗어나 있습니다.

다섯째 기준으로 파울러는 '통일성'(unity)을 지적하였습니다. 즉 건강한 신앙은 그 신앙인의 전체적인 모습과 일치하며 조화와 균형을 유지합니다. 신앙 따로, 삶 따로, 인격 따로의 분열적인 모습이 아니라, 신앙이 삶의 현장과 개인의 인격 속에 잘 스며들어서 전인격적인 건강성을 유지하며 좌로나 우로나 치우치지 않을 때 건강한 신앙이라고 볼 수 있을 것입니다. '통일성'의 관점에서 볼 때 가계 저주론은 삶을 전인격적으로 이해하려는 노력이 매우 결여되어 있고, 영적인 차원을 지나치게 강조한 나머지 일반 은총적인 차원을 간과함으로 균형을 잃고 있습니다. 또한 개인의 책임과 조상의 책임 사이에서 균형을 잃고 있으며, 하나님 이해에 있어서도 하나님의 사랑과 공의 사이의 조화를 유지하지 못하는 한계점을 가지고 있습니다.

가계 저주론자들의 성경 말씀 해석에 '통일성' 개념을 적용해 본다면 그들의 주장은 구약과 신약의 통일성 개념을 놓치고 있을 뿐 아니라 특별 계시의 '점진성'을 이해하는 데 실패하고 있으며, 구약의 말씀 일부에 집착하여 해석함으로써 유대교와 기독교의 차이점을 구별하지 못하는 인상을 주고 있습니다. 가계에 흐르는 저주를 끊어야만 그리스도의 십자가의 복음이 효력이 있다고 말하는 가계 저주론은 마치 초대 교회 당시 유대교에서 개종한 기독교인들이 이방인 기독교인들에게도 십자가의 복음 이외에 할례를 행해야 하며 월삭과 안식일을 지켜야 한다고 하면서 예수 그리스도의 복음의 독특성을 약화시켰던 것처럼, 오늘날 한국 교회를 미혹할 위험성이 있는 가르침이며, "적은 누룩이 온 덩이에 퍼지느니라"(갈 5:9)는 말씀과 연결되는 새로운 사상이라고 말할 수 있습니다. 가계 저주론의 번역서로 소개된 책 〈뜻 모르게 당하는 고통, 풀리지 않는 저주 때문이다〉의 저자인 레베카 브라운과 데니얼 요더 중에서 특히 요디는 유대인 가정에서 태어나 유대 신비주의 결사 운동인 '카발리즘' 계열에서 교육을 받고 기독교로 회심했다고 소개되어 있는데, 그들의 책 내용에는 유대교적인 요소가 드러나는 부분도 있습니다. 아브라함에게 주신 복, "너를 축복하는 자에게는 내가 복을 내리고 너를 저주하는 자에게는 내가 저주하리니"(창 12:3a)를 유대인들에게 잘못 적용하여 다음과 같이 주장하고 있습니다:

> 이 책을 읽고 있는 모든 남녀노소에게 묻고 싶습니다. 당신의 가문에서 혹시 유대인들을 핍박하는 일에 가담했던 사람은 없습니까? 주변 사람들이 유대인들을 핍박할 때에 당신이나 당신의 가족들이 혹시 다른 방법으로 그들을 핍박할 방도를 모색하곤 하지는 않았습니까? 만약 그런 일이 있었다면 당신도 하나님의 저주 아래 있는 것입니다! 하나님께 회개하고 저주를 물리쳐 달

라고 기도해야 합니다.[49]

성경 해석에 있어서도 많은 문제점을 안고 있는 이 같은 책이 유명한 기독교 출판사에 의하여 번역되어 출판되고 있다는 점을 한국 교회는 경계해야 할 것입니다. 또한 가계 저주론자들은 교회에 가만히 들어와서 성도들을 미혹하여 가르친 유대교 율법주의자들에 대하여 바울이 경계한 그 말씀을 다시 한번 귀기울여 듣고 깊이 묵상하여, 진리에서 벗어난 그 길에서 돌아서야 할 것입니다.

> 다른 복음은 없나니 다만 어떤 사람들이 너희를 교란하여 그리스도의 복음을 변하게 하려 함이라 그러나 우리나 혹은 하늘로부터 온 천사라도 우리가 너희에게 전한 복음 외에 다른 복음을 전하면 저주를 받을지어다……그러나 나와 함께 있는 헬라인 디도까지도 억지로 할례를 받게 하지 아니하였으니 이는 가만히 들어온 거짓 형제들 때문이라 그들이 가만히 들어온 것은 그리스도 예수 안에서 우리가 가진 자유를 엿보고 우리를 종으로 삼고자 함이로되(갈 1:7~2:4).

> 내가 율법으로 말미암아 율법에 대하여 죽었나니 이는 하나님에 대하여 살려 함이라 내가 그리스도와 함께 십자가에 못박혔나니 그런즉 이제는 내가 사는 것이 아니요 오직 내 안에 그리스도께서 사시는 것이라 이제 내가 육체 가운데 사는 것은 나를 사랑하사 나를 위하여 자기 자신을 버리신 하나님의 아들을 믿는 믿음 안에서 사는 것이라 내가 하나님의 은혜를 폐하지 아니하

---

49) 레베카 브라운, 데니얼 요더, pp.60-61.

노니 만일 의롭게 되는 것(복을 누리는 것이, 하나님과의 관계를 회복하는 것?)이 율법으로 말미암으면(가계에 흐르는 저주를 끊는 의식으로 말미암으면?) 그리스도께서 헛되이 죽으셨느니라 (갈 2:19~21).

너희가 이같이 어리석으냐 성령으로 시작하였다가 이제는 육체로 마치겠느냐……너희에게 성령을 주시고 너희 가운데서 능력을 행하시는 이의 일이 율법의 행위에서냐 혹은 듣고 믿음에서냐 ……그런즉 믿음으로 말미암은 자들은 아브라함의 자손인 줄 알지어다 또 하나님이 이방을 믿음으로 말미암아 의로 정하실 것을 성경이 미리 알고 먼저 아브라함에게 복음을 전하되 모든 이방인이 너로 말미암아 복을 받으리라 하였느니라 그러므로 믿음으로 말미암은 자는 믿음이 있는 아브라함과 함께 복을 받느니라 무릇 율법 행위에 속한 자들은 저주 아래에 있나니 기록된 바 누구든지 율법 책에 기록된 대로 모든 일을 항상 행하지 아니하는 자는 저주 아래에 있는 자라 하였음이라……그리스도께서 우리를 위하여 저주를 받은 바 되사 율법의 저주에서 우리를 속량하셨으니(갈 3:3~13a).

그런즉 율법은 무엇이냐 범법하므로 더하여진 것이라 천사들을 통하여 한 중보자의 손으로 베푸신 것인데 약속하신 자손이 오시기까지 있을 것이라……그러나 성경이 모든 것을 죄 아래에 가두었으니 이는 예수 그리스도를 믿음으로 말미암는 약속을 믿는 자들에게 주려 함이라 믿음이 오기 전에 우리는 율법 아래에 매인 바 되고 계시될 믿음의 때까지 갇혔느니라……믿음이 온 후로는 우리가 초등교사 아래에 있지 아니하도다 너희가 다 믿음으로 말미암아 그리스도 예수 안에서 하나님의 아들이 되었으니 누구든지 그리스도와 합하기 위하여 세례를 받은 자는 그리스도로 옷 입었느니라……너희가 그리스도의 것이면 곧 아브라함의 자손이요 약속대로 유업을 이을 자니라(갈 3:19~29).

이제는 너희가 하나님을 알 뿐 아니라 더욱이 하나님이 아신 바 되었거늘 어찌하여 다시 약하고 천박한 초등학문으로 돌아가서 다시 그들에게 종 노릇 하려 하느냐 너희가 날과 달과 절기와 해를 삼가 지키니 내가 너희를 위하여 수고한 것이 헛될까 두려워하노라(갈 4:9~11).

그리스도께서 우리를 자유롭게 하려고 자유를 주셨으니 그러므로 굳건하게 서서 다시는 종의 멍에를 메지 말라 보라 나 바울은 너희에게 말하노니 너희가 만일 할례를 받으면 그리스도께서 너희에게 아무 유익이 없으리라……율법 안에서 의롭다 함을 얻으려 하는 너희는 그리스도에게서 끊어지고 은혜에서 떨어진 자로다……너희가 달음질을 잘 하더니 누가 너희를 막아 진리를 순종하지 못하게 하더냐 그 권면은 너희를 부르신 이에게서 난 것이 아니니라(갈 5:1~8).

김철홍은 가계 치유 이론을 사용하는 성경 해석법과 올바른 기독교적 성경 해석법의 차이점을 잘 지적하였습니다.

똑같은 구약 성경을 놓고, 기독교와 유대교는 그 해석을 달리한다. 기독교인은 똑같은 구약 성경이라 할지라도, 유대교인과는 다른 방식으로 구약을 해석한다. 우리들은 예수가 구세주이며, 그의 십자가 죽음이 우리의 죄를 속죄하기 위한 것이었다는 복음의 빛 아래에서, 다시 말하면 신약 성경의 빛 아래에서 구약 성경을 해석하므로 복음의 빛 아래에서 구약의 가계 저주에 관한 구절들을 해석해야 한다. 그런데 저자는 거꾸로 구약의 가계 저주에 해당된다는 몇몇 구절들을 근거로 해서 복음을 재해석하는데, 이것은 매우 위험한 시도이며 궁극적으로 복음의 능력을 무효화하는 일이다.[50]

어떤 사상이 머리 속에 자리를 잡게 되면 그것은 이데올로기가 되어 웬만한 외부적인 자극과 가르침에도 쉽게 깨어지지 않는다는 것을 필자는 잘 알고 있습니다. 그것은 마치 정신 분열증 환자나 망상 장애 환자들이 가지고 있는 망상을 깨뜨리기 위하여 치료자가 아무리 현실직인 이야기를 해도 그 망상으로부터 하루 아침에 자유로워지지 않는 것과 같기 때문입니다. 가계 저주론의 추종자들은 나름대로 임상적 경험을 통하여 그들의 이론이 강화(reinforcement)되는 것을 경험하기 때문에 쉽게 그들의 패러다임을 포기하지 않을 것입니다. 그러나 한국 교회 목회자들과 성도들은 그럴 듯해 보이고 기독교 복음과 양립하는 것처럼 보이는 가계 저주론이 가져다 주는 위험성과 심각성을 인식하고 미혹되는 일이 없도록 해야 할 것입니다.

파울러의 여섯째 개념은 '객관성'(objectivity)입니다. 건강한 신앙은 주관적인 경험을 무시하지 않지만 그것이 객관적인 경험으로 공유되어야 합니다. 몇몇 사람들에게 임상적인 효과가 있다고 해서 혹은 자신에게 도움이 되었다고 해서 그 주관적인 현상적 경험을 모든 사람들에게 적용하는 것은 곤란합니다. 또한 그 주관적인 임상적

---

50) 김철홍의 글, p.127.

효과에 대해서도 보다 객관적인 검증 작업이 필요한 것입니다. 그런데 가계 저주론은 객관성이라는 기준에도 맞지 않음을 알 수 있습니다.

일곱째 개념은 '단일성'(singularity)입니다. 상대적인 진리를 인정하는 포스트모던 문화 속에서 기독교 복음의 유일성과 하나님 한 분만이 신앙의 대상임을 고백하는 신앙이 건강한 신앙입니다. 가계 치유 이론도 이 점에 있어서는 기독교의 복음 진리에서 벗어나지 않은 것으로 평가할 수 있습니다.

여덟째 개념은 '영구성'(permanence)입니다. 건강한 신앙 체계는 일시적이거나 잠정적으로 선풍적인 인기를 누리며 등장했다가 사라지는 것이 아니라 역사성을 유지하는 것이어야 합니다. 가계 저주론은 구약 시대나 신약 교회 그리고 교회 역사에 있어서 역사성을 지니고 지속되어 온 것이 아니라 극히 최근에 몇몇 사람들에 의해서 주장된 이론이라는 점에서 역사적인 검증이 필요한 접근입니다. 한때 선풍적인 인기를 누리며 판매되었던 전생 요법 서적들에 대한 관심이 지금은 많이 사라진 것을 보게 됩니다. 필자는 가계 저주론도 전생 요법과 같이 뉴에이지 문화 속에서 일부 사람들의 관심은 계속 끌게 되겠지만, 건강한 기독교 신앙 체계로는 살아남지 못할 것이라고 생각합니다.

아홉째, 건강한 신앙은 '초월성'(transcendence)을 가지고 있는 것이어야 합니다. 과학적으로 자연적으로 모두 설명해 낼 수 있는 신앙 대상은 물질적이고 현세적일 수밖에 없으며, 신비성과 불가해성이 결여된 '피조된' 신일 것입니다. 그러나 하나님은 임재하시는 임마누엘 하나님이시며, 동시에 인간과 절대적으로 구별되며, 그 생각과 뜻을 다 헤아릴 수 없는 신비로운 분이시며, 초월적인 존재이시며, 영원부터 영원까지 자존하시는 분이심을 고백할 때 건강한 기독교 신앙을 유지할 수 있습니다. 가계 저주론은 과학적인 치료 방법에만 의존하는 것의 한계성을 인정하며, 초월적인 하나님의 능력과 인간의 삶을 넘어서는 악한 영의 세계를 인정한다는 점에서 초월성을 가지고 있는 체계입니다. 그러나 하나님의 불가해성과, 의인이 고통을 당하기도 하며 불의한 자가 더 복을 누리기도 하는 불의한 세상에 대하여 너무나 순진하고 단순한 해답을 제시하려고 한다는 점에서 다 계시하지 않으신 하나님의 신비로움을 격하시키고 있습니다.

마지막으로 파울러는 '보편성'(universality)을 제시하였는데, 이 기준에서 볼 때 기독교 신앙의 건강성은 세계 교회가 보편적으로, 전세계적으로 공유하는 신앙 고백에 기초해야 한다고 볼 수 있습니다. 주님이 가르치신 기도, 세례와 성찬, 권징, 사도신경과 같은 보편적인 신앙의 틀에서 볼 때 가계 저주론은 보편성을 상실하고 있습니다. 일부 교인들이 따르고 있는 이 가계 저주론은 기독 교회의 유구한 역사 속에서 교리나 요리 문답서 혹은 신앙 고백서 등에서 전혀 언급되지 않았다는 점에서 볼 때 역사성을 가지고 있지 못하며, 전세계 교회 공동체의 신앙의 삶에서 극히 일부의 교인들에게 받아들여지고 있는 점을 볼 때 파울러의 기준에서는 벗어난 것으로 평가할 수 있습니다.

8. 이윤호의 가계 저주론 비판

미국에서 사역을 하고 있을 때, P라는 남자 집사가 나에게 찾아왔다. 그는 다섯 남자 형제 중 셋째였다. 그의 고민은 교회 및 신앙 생활로부터 점점 멀어지는 것이었다. 그는 종종 하나님을 부인하고 교회 생활을 포기할까 하는 유혹을 자주 느낀다는 것이었다. 나는 P집사의 가정 및 형제들의 신앙 상태를 물어 보았다. P집사의 할아버지 형제 중에 한 분이 전도사였는데, 핍박이 너무 심해서 배교한 것을 알게 되었다. 따라서 P집사의 문제는 가계에 '배교의 영'이 흐르는 것이었다.[51]

이 글을 읽으면서 너무나 자신 있게 가계에 '배교의 영'이 흐른다고 진단하는 이윤호의 태도에 놀랄 수밖에 없었습니다. 그렇다면 P집사의 다른 형제들의 상태는 어떠하며 아버지는 어떤가요? 할아버지의 형제 중에 한 분이 배교했다고 손자도 배교하고 싶은 충동을 느끼게 되었다는 단선적인 인과 관계로 P집사의 상태를 충분히 설명하고 치료할 수 있는 것일까요? 이 P집사에게는 배교의 유혹만 있는 것일까요? P집사의 인격 상태는 어떠할까요? 비교적 인격의 기능이 건강하게 기능하고 있었을까요, 아니면 인격 장애의 요소가 있는 부분들은 어떤 부분일까요? 만일 그가 이성의 유혹을 받고 있다는 것을 숨기고 있다면 어떻게 접근할 것인가요? '음란의 영'은 누구에게서 찾아낼 것인가요?

이윤호는 성경 해석에서 일관성이 결여되어 있으며, 어떤 부분에서는 문자적으로, 어떤 부분에서는 은유적으로 임의적으로 해석하며, 좋은 왕의 아들이 나쁜 왕이 되기도 하고 나쁜 왕의 아들이 좋은 왕이 되기도 했다는 사실에 대하여 분명하게 설명하지 못하고 얼버무리며 지나치고 있습니다. 그리고 논리적인 비약을 사용하여, 조상의 삶이 자손들에게 '반드시' 어떤 종류의 영향을 끼친다고 말합니다. 아담과 하와의 죄악으로 인하여 가인의 죄는 설명이 된다하더라

---

51) 이윤호의 글, pp.71-72.

도, 아벨의 죽음도 아담과 하와의 죄악으로 인한 저주의 결과라고 해석할 수 있을까요? 의를 위한 죽음을 가계에 흐르는 저주로 해석할 수 있을까요?

이윤호는 다윗의 범죄를 가계 치유 측면에서 접근하면서 시편 51편 5절의 "내가 죄악 중에 출생하였음이여 모친이 죄 중에 나를 잉태하였나이다"라는 시적인 표현을

> "다윗의 범죄에 대한 다른 해석을 가능하게 한다"고 하며 "사실상, 성경에 다윗의 어머니의 이름이 기록되지 않았다. 그런데, 다윗에게는 아비가엘과 스루야라는 이복 누이가 있었다. 이복 누이의 아버지의 이름은 나하스로서, 다윗의 어머니는 이새와 결혼하기 전에 이미 나하스와 결혼한 적이 있다(삼하 17:25, 대상 2:16~17). 따라서 다윗이 밧세바와 성적 범죄 후 고백한 시편 51편 5절의 고백은 어쩌면 자신의 어머니의 실제적인 어떤 성적 범죄와 연관이 있다고 잠정적인 결론을 내릴 수 있다.

라고 비약적인 추측을 하고 있습니다.[52] 이렇게 된다면 다윗 자신이 범한 죄에 대한 책임을 마치 어머니에게 투사하며 '탓하기 게임'을 하는 것이 됩니다. 다윗이 밧세바와 간통죄를 짓고 나서 자신의 가계에 흐르는 저주를 끊기 위하여 축사했다는 기록이 있습니까? 그가 하나님으로부터 용서함을 경험한 것이 가계에 흐르는 저주로부터 자유했기 때문일까요? 그렇다면 우리아는 어떠한가요? 충성스러운 우리아가 죽은 것은 우리아의 가계에 흐르는 저주 때문인가요? 아니면 밧세바의 가계에 흐르는 저주 때문인가요? 아니면 다윗의 가

---

52) 이윤호의 글, p.73.

계에 흐르는 저주 때문인가요? 그렇다고 가정한다면 다윗 때문에 충성스러운 신하 우리아가 전사한 것은 공의롭지 못한 것이 아닐까요?

이윤호는 조상의 죄가 네 가지 통로를 통해 전수된다고 주장합니다.[53] 첫째 통로는 조상의 죄 성향이 유전 인자(genes)를 통해 후손들에게 전수된다는 것입니다. 이 부분은 이해할 수 있는 부분이기는 하나, 이것은 아담과 하와의 죄를 인하여 모든 인류가 다 죄인이 되었고 죄성을 가지고 있는 존재라는 점과 어떤 차이점이 있을까요? 불신자들 중에서도 소위 잘되고 도덕적이며 세상적으로도 건강하고 심리적으로도 건강한 삶을 살아가는 사람들은 훌륭한 조상의 유전 인자를 물려받고 저주를 받은 적이 없어서일까요?

이윤호는 조상의 죄의 둘째 통로는 부모의 삶의 형태를 모방하여 전수되는 것이라고 봅니다. 심리학적으로는 학습 이론과 연결되는 주장입니다. 알콜 중독이나 도박을 하는 부모 밑에서 자라난 자녀들이 그렇지 않은 부모 밑에서 자라난 자녀들보다 알콜 중독이나 도박 중독을 학습하고 중독자가 될 확률이 더 높은 것은 사실입니다. 그러나 그렇지 않은 자녀들에 대해서는 어떻게 설명할 수 있을까요? 왜 어떤 자녀는 알콜 중독에 빠지며 다른 자녀들은 괜찮을까요? 알콜 중독이 아닌 다른 형태의 병리성을 드러내는 이유는 무엇일까요? 중독 현상을 한 가지 이론만으로 설명하는 것은 매우 환원주의적입니다.

셋째는 추수의 법칙(the law of sowing and reaping)을 통해 설명할 수 있다고 이윤호는 말합니다. "심은 대로 거두리라"(갈 6:8~9)의 말씀을 적용합니다. 인과 관계로만 모든 현상을 설명하고자 한다면 나면서부터 소경 된 자에 대한 예수님의 말씀은 어떻게

---

53) 위의 글, pp.73-74.

해석할 수 있을까요? 결함을 가지고 태어나거나 장애자로 태어난 사람들, 다운신드롬, 유아암, 교통 사고, 정신 질환 등의 현상이 과연 조상의 죄가 전수되어 저주를 받은 것이라고 말할 수 있는 것일까요? 그렇다면 저주에 대한 축사를 하지 않고서도 암이 치료되고 병이 나으며 의료적인 치료나 상담적인 치료로 회복되는 사람들에 대해서는 어떻게 설명할 수 있겠습니까?

넷째, 이윤호는 여러 영적 전쟁 전문가들이 주장하는 바와 같이 "조상 안에 있는 귀신들이 가계를 통해 후손들에게 전수된다(generational demonization)"고 주장하며, "이런 영들을 가계 영(family of familiar spirits)이라고 부르고, 조상들이 사탄과 맺은 어떤 계약, 헌신, 맹세 때문에 혹은 후손에 대한 저주 때문에 악한 영들은 법적 권리를 획득해서 가계에 들어왔습니다. 또한, 실제 사역 경험을 통해 보면, 악한 영들은 이미 어린 사람들이 어머니의 태중에 있을 때 귀신이 들어오게 되었다"고 성경에서는 언급하고 있지 않은 귀신론을 전개합니다.[54] 이 같은 주장이 사실이라면 타종교에서도 귀신을 쫓아내는 현상을 어떻게 설명할 수 있을까요? 예수의 이름이 아니고도 쫓겨 나가는 귀신들은 어떻게 된 것인가요? 조상 안에 있는 귀신들이 가계를 통해 후손들에게 전수된다면 몇 대까지 전수될까요? 귀신이 죽지 않는 영적 존재라면 그리고 그 가계에 축귀의 경험이 없다면 조상 귀신은 계속 전수되어 내려가야 할 것입니다. 필자는 이윤호가 크리스찬이 된 사람들도 축귀의 경험 없이는 조상 안에 있던 귀신들이 계속 가계를 통해 후손들에게 전수되고 있다고 주장하는 느낌을 받게 됩니다. 이것은 예수 그리스도의 십자가 복음과는 다른 내용으로서, 전래적인 귀신론과 기독교를 혼합한 것

---

54) 이윤호의 글, p.74.

으로 보입니다. 이윤호는 "이미 구원받은 신자들에게는 조상의 죄로 인한 피해가 유효할 수 없다"에 대하여 긍정과 부정의 대답이 다 가능하다고 말하며 "우리의 영은 이미 구원받았지만 우리의 혼과 육체는 육신과 세상과 사탄과 조상들의 죄의 결과로부터 구원을 받아야 한다. 즉 구원받은 신자들은 칭의는 이미 이루어졌지만 성화 및 영화는 아직 완성되지 않았다"라고 함으로써, "너희 몸은 값으로 주고 산 하나님의 성전"이라고 하는 말씀처럼 인간을 통전적으로 이해하기보다는 헬라 철학의 이분설 혹은 삼분설에 기초를 두고 이론을 전개하는 우를 범하고 있습니다.

이윤호는 "아무튼, 우리는 우리 조상들이 어떤 죄를 지었는가를 100% 알 수 없지만 현존하는 가족들에게 나타난 문제들과 조상들과는 상당한 관계가 있음을 쉽게 짐작할 수 있다"라고 추측적인 표현을 합니다.[55] 우리는 생각과 마음과 행동으로 늘 죄를 짓고 회개하면서 살아가지 않습니까? 심지어는 죄인 줄도 모르고 죄를 짓기도 합니다. 이름을 붙이자면 음란의 영, 미움의 영, 한의 영, 질투의 영, 게으름의 귀신, 교만의 영 등등 수없는 이름을 우리와 타인들에게 붙일 수 있을 것입니다.

이윤호의 가계 저주론은 자신의 독특한 경험과 이론에 기반을 두기보다는 피터 와그너, 찰스 크래프트 등의 영적 전쟁 전문가들로부터 많은 영향을 받았고, 히키나 다른 비슷한 서적들과 비교해 볼 때 거의 동일하다 싶을 정도로 영향을 받았다고 볼 수 있습니다. 풀러 신학교에서 공부할 때에는 그렇게까지 가계 저주론에 대해서 주장하지 않았다는 이야기를 전해 들은 적이 있습니다. 선교 현장에서 부딪치는 영적 현상들과 나름대로의 체험을 나누고 싶어하는 그의

---

55) 이윤호의 글, p.76.

좋은 의도는 공감하고 싶지만, 하나를 얻고 열을 잃을 수 있는 위험성이 그의 주장에 담겨 있음을 보게 됩니다.

마무리하며

하나님은 육신의 가계를 무시하시지 않지만 혈통을 중요시하지 않는 분입니다. 하나님은 중심을 보시는 분이며, 유대인이나 헬라인이나 남자나 여자나 자유인이나 종이나 다 그리스도 예수 안에서 한 형제요 자매로 삼아 주시며 "너희가 그리스도의 것이면 곧 아브라함의 자손이요 약속대로 유업을 이을 자니라"라고 말씀하시는 분입니다(갈 3:29 참조). 약속대로 아브라함과 다윗의 후손으로 예수께서 오셨지만 예수님은 가계에 매인 분이 아니셨습니다. 예수님의 가계에는 시아버지와의 성관계로 아들을 낳은 다말과 이방 여인 룻도 들어가 있으며, 남편 몰래 외도를 한 밧세바도, 악한 왕 르호보암도 들어 있습니다. 세례 요한은 자신들이 아브라함의 자손임을 자랑하는 유대인들에게 "하나님이 능히 이 돌들로도 아브라함의 자손이 되게 하시리라"(마 3:9b)고 말함으로써 믿음의 조상과 후손 사이의 관계의 의미를 새롭게 해석했습니다. 또한 예수님은 자신을 미쳤다고 붙들러 찾아온 어머니와 형제들을 향하여 "누구든지 하늘에 계신 내 아버지의 뜻대로 하는 자가 내 형제요 자매요 어머니이니라"라고 재해석하셨습니다(마 12:50). 바울의 경우에도 자신이 육신으로는 "팔일 만에 할례를 받고 이스라엘 족속이요 베냐민 지파요 히브리인 중의 히브리인이요 율법으로는 바리새인이요"라고 자랑할 수 있지만, "그를 위하여 모든 것을 잃어버리고 배설물로 여겼다"고 말하면서(빌 3:5, 8b 참조)

육신적 가계의 의미를 중요시하지 않았고, "신화와 끝없는 족보에 몰두하지 말게"(딤전 1:4) 경고하며 "어리석은 변론과 족보 이야기와 분쟁과 율법에 대한 다툼은 피하라 이것은 무익한 것이요 헛된 것이니라"(딛 3:9)고 함으로써 가계와 족보에 대한 집착에 대하여 경고하였습니다.

심판의 주체도 하나님이시며 복을 주시는 주체도 하나님이시라고 할 때 하나님이 원하시면 과학적인 치료책으로는 치료가 불가능한 신체적·정신적 장애나 질병도 치유가 가능합니다. 그러나 우리가 아무리 원하고 기도한다고 할지라도 많은 치명적인 질병들은 치료가 되지 않을 수도 있습니다. 가계 저주론은 저주의 원인을 찾아내어 구마(축사)하며 회개하면 그 장애로부터 자유로워질 수 있다고 확신 있게 말하는 점에 있어서 하나님의 불가해성과 신비성을 축소시키고 있습니다. 만약 가계에 흐르는 저주가 끊어졌다고 한다면 하나님을 옳게 섬기는 한, 더 이상 그 사람과 그 가계에는 아무런 장애나 어려움이나 위기가 나타나서는 안 될 것입니다. 그러나 인간은 감기에 걸렸다 낫기도 하고 다음해에 다시 걸리기도 합니다. 위암은 치료되었어도 췌장암으로 사망할 수도 있으며, 모든 병이 다 치료되었다 하더라도 수명이 다하면 "죄의 삯은 사망이라"는 말씀처럼 죽을 수밖에 없는 존재임을 수용하는 태도가 필요하지 않겠습니까? 치명적인 암도 그 자체로는 고통을 가져다 주며 슬픔을 가져다 주지만, 삶을 진지하게 살아가게 하며 생의 마지막을 의미 있게 마무리할 수 있게 하시는 하나님의 은총일 수도 있음을 성도들은 깨달을 필요가 있습니다.

기독교 교육총서 13
기독교 심리학

초판 인쇄 2003년 3월 18일
초판 3쇄 2012년 6월 18일

지은이 이관직 교수

편집 대한예수교장로회총회 교육부
제작 대한예수교장로회총회 출판부
발행 대한예수교장로회총회

주소 서울 강남구 대치2동 1007-3
전화 (02) 559-5655~7
팩스 (02) 564-0782

출판등록 제1977-000003호 1977. 7. 18

ISBN 978-89-8490-064-6 04230
ISBN 978-89-88327-33-3(세트)

ⓒ 2003, 대한예수교장로회총회

※ 잘못된 책은 바꾸어 드립니다.